中学校社会サポートBOOKS

授業でそのまま使える！

中学校
社会科の小ネタ60

水谷 安昌 著
Mizutani Yasumasa

明治図書

はじめに

　「小ネタ」は，学校で落語研究部顧問をしてきた私には，長広舌を要する「大ネタ」に対して，わずかな時間で，聴衆の心をとらえていく噺が思い浮かびます。しかし，小ネタを発展させて大ネタへと化けさせたり，本編につなげたりする重要なものということも認識しているつもりでした。

　私自身のことを言えば，中学校社会科の最初の授業で覚えているのは，「初代衆議院議長は中島信行」だということです。教科担当の先生がご自分の名前と同姓同名だということでお話されました。本編の授業の大半を忘れた？　今でも記憶しているのですから，「小ネタ」として優秀？　です。

　高校１年時の担任で国語を担当されていた林武志先生の授業は，有名作家の様子を細かに教えてくださるとても楽しいものでした。それまで知らなかった文学作品を読んだりしましたが，詳しいのも道理で，先生は川端康成研究で著名な方で，のちに二松學舍大学教授になられています。楽しかった授業が小ネタから大ネタ，本論へとつないでくれていたことになります。

　院生時代，恩師萩原龍夫先生と史料調査の途次，乗り継ぎのバスを待つ間，私の話した牛丼チェーンの話を先生が熱心に聞き入ったことに驚きました。恩師は博覧強記の権化のような先生でしたが，そうしたたわいもない学生の話にもご自分の未知のことには食いつき，知識化していることに驚嘆しました。恩師から聞かされる，柳田國男先生のお話は自分にはさまざま勉強になりました。いずれも，本編である歴史学，民俗学へと導かれるエピソードの数々はある意味小ネタの連続とも言えます。そうした自分の過去の豊饒な小ネタ世界から受けた学恩にわずかでも報ずることができれば幸いです。

2019年５月

水谷　安昌

Contents 目　次

はじめに……………………………………………………………………3

序　章｜社会科授業の小ネタの使い方 …………7

第1章｜地理授業の小ネタ 18

01	世界の地域構成	地球が丸いって本当!?……………………………12
02	世界の地域構成	アフリカの地面が裂ける，グレートリフトバレー!?…14
03	世界各地の人々の生活と環境	ビーフカレー，ポークカレーが食べられない!?……16
04	ア ジ ア 州	一人っ子政策がつくりだした小皇帝と無戸籍児!?…18
05	ヨーロッパ州	フランスの学校でスカーフ事件!?………………20
06	ア フ リ カ 州	電気もないのに何はなくても携帯電話!?………22
07	北 ア メ リ カ 州	大西洋に"インド"がある!?………………………24
08	南・北アメリカ州	移民増加でスパイダーマンの主役交代!?………26
09	南 ア メ リ カ 州	フェアトレード価格のほうが安いコーヒーがある!?…28
10	オセアニア州	「世界の中心」で叫ばないで!?……………………30
11	地 域 の 在 り 方	全品100円の商店街がある!?……………………32
12	日本の地域的特色	日本の一部が外国のもの!?………………………34
13	世界の中の日本	「さつまいも」を別の名前で呼ぶ地域がある!?……36
14	九 州 地 方	リーフカレント〜サンゴ礁の罠!?…………………38
15	近 畿 地 方	修学旅行で大人気の鹿，実は害獣だった!?………40
16	中 部 地 方	ピアノとオートバイの故郷は同じ!?………………42
17	東 北 地 方	東北三大祭りは夜の睡魔を払う行事!?…………44
18	北 海 道 地 方	スケッチブックからつくられた辞典がある!?………46

目　次

第2章｜歴史授業の小ネタ25

01	世界の古代文明	予言的中　秦を滅ぼすものは胡⁉	50
02	弥　生　時　代	卑弥呼は日本人じゃなかった⁉	52
03	古　墳　時　代	大仙陵古墳は威圧のためにつくられた⁉	54
04	飛　鳥　時　代	大化の改新で蘇我氏は歴史上の悪者になった⁉	56
05	飛　鳥　時　代	薬師寺は天武天皇が愛する皇后のために建立した⁉	58
06	奈　良　時　代	現代の高速道路並みだった古代の官道⁉	60
07	奈　良　時　代	聖武天皇はビビリだった⁉	62
08	平　安　時　代	最澄と空海の弟子をも巻き込むライバル対決⁉	64
09	平　安　時　代	仏像は組み立て方式で大量生産⁉	66
10	平　安　時　代	平将門の首は京都から東京に飛んできた⁉	68
11	鎌　倉　時　代	北条政子は子どもを切り捨てる悪女⁉	70
12	鎌　倉　時　代	3人描き足し疑惑の蒙古襲来絵巻⁉	72
13	室　町　時　代	足利尊氏の兄弟げんかが南北朝の争乱をややこしくした⁉	74
14	室　町　時　代	足利義満が子どもをえこひいきしたから金閣も危うくなる⁉	76
15	室　町　時　代	お茶会は豪華懸賞付きクイズ大会⁉	78
16	江　戸　時　代	戦国最後の勝利者は織田信長だった⁉	80
17	江　戸　時　代	幕府は国内向けに朝鮮通信使を利用した⁉	82
18	江　戸　時　代	江戸っ子は宵越しの銭は持たねぇ⁉	84
19	江　戸　時　代	夏の怪談は千両役者の夏休みから生まれた⁉	86
20	明　治　時　代	新しい時代には土葬か火葬か⁉	88
21	明　治　時　代	戦争に勝利することが文明のあかし⁉	90
22	大　正　時　代	米騒動が生み出した普通選挙⁉	92
23	昭　和　時　代	盧溝橋事件は解決していたのに日中戦争突入⁉	94
24	昭　和　時　代	ストライク！と叫ぶと非国民⁉	96
25	現　代　の　日　本	バブルはじけて1000兆円が消えた⁉	98

第3章｜公民授業の小ネタ 17

01	私たちの生きる現代社会	世界では7億人以上が1日200円以下で生活している!?…102
02	現代社会における文化	おどかす前にあいさつして訪問する秋田のナマハゲ!?…104
03	現代社会を捉える枠組み	殺人を禁止するルールはない!?……………………106
04	日 本 国 憲 法	最高法規と国際条約に矛盾がある!?………………108
05	民主政治と政治参加	ヒトラーは選挙で政権を手に入れた!?………………110
06	国　　　　　会	"多数決"全体の6分の1でも決まってしまう!?……112
07	公 正 な 裁 判	強者が弱者を訴えるスラップ訴訟!?…………………114
08	地方公共団体の政治	ふるさと納税で失われた40億円!?……………………116
09	住民の権利と地方政治	住む場所によって買い物難民に限界集落!?…………118
10	経済活動の意義	「アリとキリギリス」，キリギリスの「遊び」も仕事のひとつ!?…120
11	消 費 者 の 保 護	楽して儲かる話の裏には多額の損失!?………………122
12	企業の経済活動	年功序列型か成果主義か!?……………………………124
13	個人の経済活動	アルバイトに忍び寄る影!?……………………………126
14	租 税 の 意 義	わたしたちには借金がある!?…………………………128
15	世界平和の実現	核発射装置は「核なき世界」を訴える米大統領のかたわらに!?…130
16	世界平和の実現	冷戦で日本がオリンピックに参加できなかった!?…132
17	環　境　問　題	地球温暖化防止は地球にやさしい!?…………………134

序章 社会科授業の小ネタの使い方

社会科で何を学ぶのか
～小ネタが伝える本質的理解～

■ 導入とまとめに"小ネタ"を使って楽しむ

　教員として日々奮闘している皆様には、不要なことかもしれませんが、自分なりの活用法や展開理由・目的を記しておきます。小ネタの扱いにかかわらず授業に臨む際に当然のように考慮すべきことですが、教室の雰囲気＝生徒の様子、授業進度、単元目的、学年目標などを考え、「小ネタ」の性格を踏まえて活用することになります。

　中学生の日ごろの生活には考えにくい事柄や、具体像が浮かびにくい事象には、身近で、わかりやすい具体例を提示できるような小ネタを導入に利用します。身近な話題に結びつけることで、興味・関心を持たせて、理解につなげます。理解度を確認するためには、自分ならばこう考える、自分ならこうする、ということを引き出せるようにします。もちろん、その際には否定的なコメントはしません。可能な限り、「そうかもしれない」「そういう考え方もありかも」、など肯定的に返していきます。中には、ふざけたような発言もあるかもしれません。それでも、可能な限り本題に近づけるようにしてみます。まずは、発言したことの勇気を認めましょう。次回からも発言にチャレンジする気持ちを育てたいのです。とくに懸命に考えて答えようとしている生徒には、その発言の適否とは別に、思考した過程をほめるようにし、聞いている他の生徒への刺激となるようにしたいものです。

　理解の難しいテーマ・単元では、まとめで理解を深めていくために活用しましょう。複数の事柄が絡み合うようなものは中学生には簡単に理解できないことが多いようです。例えば、ナウマン象とオオツノジカの化石で知られる野尻湖の遺跡を用いて、旧石器時代の様子を解説しつつ、生徒に発言を求めます。「野尻湖は湖なのに、小中学生も発掘に参加して、湖底の化石を発

掘できるのはなぜか」の発問に,「水がなくなった」「干上がった」などのさまざまな発言があることを歓迎します。その中から,「水がなくなる」のような発言を引いて,「惜しい」「当たってる」など,次の思考を促します。「なぜ水がなくなるのか」ここから,「せき止めた」などの言葉が引き出せれば,それを認めて,どうすれば水がこないかを,今度は地理的環境をヒントとして与えましょう。野尻湖は長野県北部の山中にあることを伝えます。そこまで進むと,「凍る」という言葉が出るようになります。以降は,湖に入る高所の河川は冬の寒さで凍り,湖から流れ出す河川は低所で流れていることから凍らず水が流れ出るということを伝えます。今度は,なぜナウマン象とオオツノジカの化石がともにあるのかを考えるようにします。もともと周囲より低い土地だからこそ湖になったのですから,かつて,ここは崖下だった可能性に気づかせます。狩りで大型動物を追い詰め,落とした後,解体した場所かもしれないということも伝えることができます。地理的情報と歴史分野で学習する内容とを結びつける手法です。じっくり,生徒が発言することを促しながら進めていくことで,より多彩な意見を出させて,学習内容に集中させていきます。生徒に楽しく,自分の発言が中心になって授業が展開されているということを意識化させていくことで,教員も生徒の発言を楽しみながら進めることができるのが小ネタを活用した授業ではないでしょうか。

　前記した例は,決して特殊な事例ではありません。本来,総合科学としての歴史学などの社会科は,地理・歴史・政治経済が絡み合う社会を考える教科です。ですから,各分野,各単元を授業として指導するとしても,実際には本来,総合されている社会を,科学上の分類で分けて教えているに過ぎません。であれば,実は,理科や国語,数学,芸術などの他教科も含めた総合的理解を求めることが本来の学習であるはずです。江戸時代の日本人の平均寿命が短命であることを例にすると,数学的統計データのことを併せて考えてみましょう。まず,人口統計がないので正確なところは不明であること,しかし推論として平均寿命は短命であることが知られています。次に,平均寿命は,あくまでも平均なので,実際は乳幼児期までの死亡率が高いことが

原因であることを指摘します。ということは，乳幼児期の危機が去れば比較的普通に生きられるのだということがわかります。これに保健衛生環境や医療技術などの話が加われば，さらに話が膨らみ，加えて，子どもを子宝として尊重することや，農業生産力の限界から姥捨ての話へと展開が可能です。

■ 「小ネタ」の拾い方～身の回りから宇宙へ～

　社会を対象にしている教科ですから，新聞の片隅やテレビニュース，ドキュメンタリー，他教科の話など，いろいろな場面に「小ネタ」の素が散らばっています。政治や経済，最新技術やエンタメまで，今，何が行われているのか。何が問題になっているのか。社会科を教える立場の教員が，まず社会に敏感でなければなりません。決して専門書の専門的な知識ばかりが必要とされているのではありません。中学生にとって，必要とされるものを必要な場面で提供できるように心がけていることで，「小ネタ」が豊かになっていくはずです。

　日常の生活場面で，自動販売機のコインの投入口が中央に横向きになっているのはなぜか，地図記号で今は見ることが稀な？　桑畑をなぜ学ぶのか。横断歩道橋は，なぜ存在するのか？　どうして今は建設しないのか？　生徒自身に考えさせましょう。たくさんの小ネタ教材が目の前に転がっています。ブラックホールの撮影に成功したニュースがあれば，ホワイトホールはあるのか？　膨張する世界があるなら，収縮する世界もあるのか？　宇宙への興味から，時間の経過を考えてみることも楽しいものです。ドラマや映画などを通じて考えるのもよいでしょう。タイムマシンはあるのだろうか，映画『バック・トゥ・ザ・フューチャー』や2002年の『タイムマシン』へと話題が進んでいきます。事故で亡くなった恋人を救おうとしてタイムマシンをつくり，恋人が生きているときに戻って原因を除去するが，異なる事故で結局亡くなる恋人。原因は，恋人を失った結果つくったのがタイムマシンなのだから，タイムマシンが存在する時点で，恋人は死ななければならないのです。ここから実は歴史の不可逆性を学習するのです。これまでの経験や趣味も，

社会で起こることのさまざまが「小ネタ」の原材料となります。要は、日常でのさまざまな場面を意識的に社会科の教材として編み込んでいくことなのです。自販機もユニバーサルデザイン化が進み、さらには災害に備えたものも設置されています。日本がかつて工業で中心とした製糸業の養蚕をするための蚕の餌にする桑畑が古い地図には多く見られます。交通事故死亡者が多く交通戦争と呼ばれた高度成長期、道路を安全に横断するため、人が階段を上り下りする横断歩道橋がつくられました。高齢化が進みバリアフリーが求められる現在では、自動車側が上り下りする道路づくりとなっています。

■ 何を伝えるための授業なのか

　小ネタが、生徒には雑談ととらえられることがあります。教科書本編にある知識や情報だけを学習とし、受験用の知識のみを伝え、覚えさせる授業では、主体的な深い学びも、単に手法の問題にしかなりません。主体的で深い学びをアクティブに固定化するという逆説的な皮肉な結果を生むだけでしょう。評価法やリアクションペーパーを工夫することで授業を活性化するのだとしても、結局のところ、評価にこだわる限り限界があります。形式的な「評価」より、生徒の自主的な発言や思考を認め、授業者との応答の中で育つようにしていくことが、社会に生きる力を養うことになるのではないでしょうか。社会科教員が、生徒に社会科という科目を通じて何を伝えたいのか、何が得られると生徒の成長となるのか。こうした教員自身の位置決めが明確になったとき、小ネタとして展開している授業が、実は社会科の本質的理解を助け、思考力や判断力を身につける手だてとなってくるのではないでしょうか。時には、小ネタが、その単元の本質の一部となる展開もあります。自分たちが暮らす社会に問題を見出し、解決策を提案する力を育てていきたいと思うのです。小ネタから大ネタへと発展し、本質的理解が深まる授業展開が可能となることを望みます。生徒が、社会に対して問題を見出せるよう、生徒の「なぜ」「どうして」を刺激できる社会科、自分自身も含めて、そうした社会科教員であってほしいと願っています。

第1章
地理授業の小ネタ18

地理的分野　世界の地域構成

01
地球が丸いって本当!?

■ 小ネタの要点

　内　　容　高性能望遠鏡があれば，3776mの富士山から8848mのエベレスト山が見えるでしょうか。地球は文字通り球体なので，10000kmで90度傾きます。平面であれば，遠くても望遠鏡で見ることができるはずですが，球体上なので遠く離れた90度以上のところは見えないことになります。ですから日本から太平洋の向こうのアメリカ大陸は，どれほど高い位置，高性能望遠鏡でも見えないことになります。また，水平線上の船がこちらに近づくときは，船の上部が先に見える，逆に遠ざかるときは下が先に見えなくなることでも知られます。

イラストA

　ポイント　生徒たちは「地球」について教科書や日常のテレビ番組の情報を通して「丸い」「青い」など画像的には理解できていますが，実際には立体的な理解は乏しいものです。地球儀を併用し，立体的な理解を促しましょう。

■ 授業での使い方

　世界の地域構成全4時間の導入の1時間。地球儀を使う際に20分程度での使用が効果的。

1　授業開き（5分）

　発問「地球が球体だっていうことを簡単に説明してみてください」「宇宙から地球を見る」「グーグルアースで見る」などの発言は歓迎しましょう。現代の科学技術であれば，そうした方法も可能ですが，宇宙に行かなくても，

海辺に行くだけでわかる方法はないか、などの誘導をします。平面なら可能なことが球面では不可能なこと、90度以上傾くと見えないことをイラストAのような図や水平線の船の図で示してみます。

2　実際の生活での地球（10分）

ノートなどで曲面をつくらせ（イラストB）、垂れ下がった下を折り返し、山やアメリカと仮定します。平らに置いたときに見えても垂れ下がると見えないことを確認します。さらに、海辺の絵を描く際、地面の上に海を描くことになりますが、上にある海はどうして落ちてこないのかを考えさせましょう。遠いものが上に見えるのだから、エベレスト山やアメリカが上に見えるはずなのに見えないことを話してみましょう。しかし、10000kmで90度傾く球では、私たちが普段生活では意識できないので、地平線や水平線の朝日・夕日の様子で確認することを勧めてみましょう。

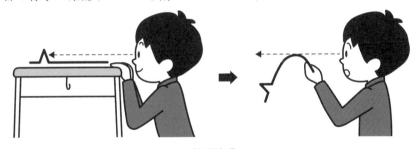

イラストB

3　地球にまつわる数値を知る（5分）

地球が球体であることを理解していったところで、地球の円周がおよそ40000kmであること伝えて、赤道や、赤道から北極点・南極点までのそれぞれの距離を考えさせましょう。次に赤道が円周になっていることから、360度、赤道から極点まで90度であることを確認します。赤道の360度から自転1回転24時間、緯度1度の北進・南進で進む距離も40000kmと360度で計算できることを話してみましょう。生徒自身が気づけるように図や映像を使いながら、さらに経度・緯度や地球儀と地図の図法の学習につなげましょう。

地理的分野　世界の地域構成

02
アフリカの地面が裂ける，グレートリフトバレー!?

■ 小ネタの要点

　内　　容　プレートテクトニクスの考え方では，地球の表面は10枚余りのプレートに覆われていて，しかもプレートはそれぞれに動いており，それが火山噴火や地震などの現象の原因となります。例えば，大陸プレートと大陸プレートがぶつかり，両方から押されて上方向に持ち上げられると山脈となります。大陸プレートと海洋プレートでは，海洋プレートが下に沈むので，そのしずむところが海溝になります。これらプレートがぶつかるところは狭まる境界といい，これに対して離れていくプレートのところは広がる境界といいます。海中だとマグマが噴出して海嶺ができますが，陸地では大きな溝となり地溝となります。アフリカ東部にあるグレートリフトバレーは，世界最大の地溝で大地溝帯といわれます。

狭まる境界（海中）＝海溝

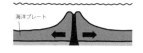
広がる境界（海中）＝海嶺

狭まる境界（陸上）＝褶曲山脈等

広がる境界（陸上）＝地溝

紅海からエチオピア高原，ビクトリア湖，タンガニーカ湖，マラウイ湖へとつながって長さ6000km余，幅は広いところで50kmにもなるといわれます。プレートテクトニクスについては高校地理や理科の範囲でもあります。理科教員と連携して指導や図版，動画資料の共有を図ります。

　ポイント　生徒にとっては，大陸や大地が動くことは想像しづらいことです。地図帳にある図版や動画資料を使うことで視覚的に伝えましょう。プレートテクトニクスの学習は理科で学習してもらいましょう。

■ 授業での使い方

　世界の地域構成全4時間のうち世界の6大陸・6州を学ぶ場面。大陸名と各州名を学んだあとに20分以内で実施するとよいでしょう。

1　陸地が動くと……（5分）

　地図帳を用意してから始めます。世界地図の中で，アフリカ大陸と南アメリカ大陸の形に注目させましょう。「両者が接近していくとどうなりますか」アフリカ大陸と南アメリカ大陸が組み合わせることができることに気づくのではないでしょうか。教員があらかじめ，厚紙で両大陸の形を切り抜いておくとわかりやすく見せることも可能です。プロジェクター授業の場合，端末機器に事前に両大陸を切り抜いた画像を準備しておきましょう。

2　大陸移動説……プレートテクトニクス（10分）

　地球表面にはいくつものプレートがあることを伝えていきます。地図帳（帝国書院版）には，世界の造山帯と地震震源の地図にプレートの境界が描かれています。そこから，プレートの境界に山脈が形成され，火山があることを確認しましょう。時間的余裕があれば，そもそも大きな一つの陸地だったのに（パンゲア大陸），分かれていったことも確認するとよいでしょう。そして，プレートが動いていて，ぶつかり合ったり，片方が沈み込んで地形が形成されることを学びます。そうした中で，アフリカのグレートリフトバレーを説明しましょう。グレートリフトバレーにあたる境界にある湖は広がっていく裂け目に水がたまったと考えられます。可能ならば，海嶺の上の火山の連なりであるアイスランドの画像を見せるとよいでしょう。

3　いつかアフリカ大陸が裂ける？（5分）

　今でもプレートはわずかずつ動いています。その動きは1年に数ミリとか数センチといわれています。「数千年，数万年の歳月でアフリカ大陸が裂けるときがくるかもしれません」また，大陸プレートに海洋プレートが沈むときに大陸側を下方に巻き込んで，やがて巻き込まれた大陸プレートがもとに戻ろうとして動くことが地震の原因の一つになることも伝えます。

地理的分野　世界各地の人々の生活と環境

03
ビーフカレー，ポークカレーが食べられない!?

■ 小ネタの要点

　内　　容　宗教上の理由で食物禁忌があることを学びます。イスラム教の豚，ヒンドゥー教の牛が有名ですが，仏教では魚も動物も禁忌で，魚・動物などの生き物を食べることが禁じられています。しかし，日本では明治5(1872)年，太政官布告により肉食妻帯が認められて，"堂々と"肉食等ができるようになりました。ですから，現在の日本では一般的には食の禁忌はありません。

　近年，日本でも，人口の増加するイスラム教徒のためのハラールの食事を提供するレストランが増えています。しかし，外国人観光客が3000万人を超えるようになり，ハラールだけでなくさまざまな食習慣や食物禁忌を持つ人々が私たちの生活の中に混在するようになります。よかれと思って外国人をカレー店に招待しても，ビーフカレーが食べられない，ポークカレーが食べられないなどの条件がある場合も出てきます。

　ポイント　牛肉・豚肉が食べられないことを，好き嫌いと混同することや，宗教上の理由についてまったく理解がない場合もあります。また，何らかの信仰を持っている生徒もいます。一般論として，それぞれが宗教のルールによって決めていて，互いにルールを尊重する必要があることを話します。

■ 授業での使い方

　世界各地の生活を紹介する4時間（気候・衣食住）の最終時間に，食と宗教とを交えて，冒頭に15分程度で紹介していくとよいでしょう。ハラールマークそのものやハラールマークのあるレストランなどの画像があれば用意しておきましょう。該当生徒の存在に注意しましょう。

1 焼肉が食べられない（5分）

「肉が嫌いなわけではないのに焼肉が食べられない人がいます」「かわいそう」「食べず嫌い？」「焼肉屋がないの？」「牛肉が食べられない人と豚肉が食べられない人がいます」準備した画像等でハラールマークを見せて，「これは食に関するマークです，何のマークかわかるかな」と，生徒の反応を待ってハラールの説明や，続けてヒンドゥー教では牛が神の使いであることなどを伝えていきます。

2 食文化の違いを理解しよう（5分）

インドネシアでは，調味料（味の素）に豚肉の要素が入っていたため現地法人の日本人社長が逮捕されました。インドネシアがイスラム教の国であることも含め，食物の禁忌は，それに関わらない人からは想像が難しいほど神経を遣っているものです。クジラは日本で古くから食べられてきましたが，クジラを食べる習慣のない欧米諸国からは，批判されてきました。また，タコはヨーロッパでは禁忌の食べ物で，映画やドラマでも"悪者"扱いです。他国の文化を一方的な価値観で批判することの問題に気づくと，自分たちが他の宗教上の理由による食物禁忌へ批判することもおかしなことだと気づけます。日本の中にも，虚空蔵菩薩信仰では，うなぎをその菩薩の使いとして食べることを禁じている人々もいます。

3 オリンピックは食もバラエティ（5分）

日本の食環境はとても豊かです。イタリアンやフレンチ，中華以外にもベトナム料理にハワイ料理，スペイン料理やギリシャ料理など世界のさまざまな料理を提供するレストランがあり，しかも世界コンテストにも通用するシェフたちがいます。そして家庭の主婦である生徒の母親は名コックでもあります。和食はもちろん，中華（焼きそば，チャーハン，エビチリなど），フレンチ（ポトフ・キッシュなど），イタリアン（パスタやピザなど）を手軽に料理しています。そして，オリンピックには，世界のさまざまな食習慣や禁忌を持つ人々が集まります。異文化交流には，互いの食文化を尊重した楽しい食事が役立つことも伝えられるといいのではないでしょうか。

地理的分野　アジア州

04
一人っ子政策がつくりだした小皇帝と無戸籍児!?

■ 小ネタの要点

　内　容　中国は，増加する人口抑制のために，1970年代に始まったといわれる一人っ子政策をとってきました。簡単にいうと，1組の夫婦には1人の子ども，2人目の出産から罰金を徴収されるというものでした。この結果，都市部の裕福な家庭の子どもは，1人の子に両親2人と4人の祖父母の寵愛が集まることにな

ります。中国の経済発展とともに，多額の費用が跡継ぎである一人っ子にそそがれるようになったといいます。そうして生まれたのが「小皇帝」とよばれる，家庭の中で自由気ままにふるまう子どもです。また，貧しい農村部では，労働力である子どもを得るため，2人目以降に生まれた子どもの出生を届けずに隠していたり，売買されたりしてきたといいます。無戸籍児（人）や「闇っ子」といわれるこうした人々は，学校教育が受けられず，通常の医療も受けられず，就職もままなりません。この政策は中国が高齢化社会に向かい，人口構成がいびつになってきたこともあり，2015年に廃止されました。

　ポイント　「戸籍」自体を生徒がわかっていないことが多いので，生まれたときに保護者などが，市役所に届け出て国民として登録されていることを話しましょう。これによって，国などの行政サービス（学校への入学や健康保険証の交付など）が受けられること，戸籍がないと国民として登録されていないことになり，存在の証明が難しいことを伝えましょう。

■ 授業での使い方

　アジア州の範囲や東・西・南・東南・中央の区分，地形や気候など自然と農業を学んだあと，東アジアを代表する国として中国の国土面積や人口を学ぶ際に20分くらいで用いましょう。

1　増え続ける人々の暮らしを豊かにできるのか？（10分）

　中国の人口は半世紀で倍以上になりました。「同じ食事の3人家族と10人家族ではどちらがお金を必要とするでしょう？」「14億人もの人々が毎日毎日食事し，生活して飢えずに暮らしていくために何が必要だろうか？」「お金！」「お米」などの声が予想されます。多くの人々を養うには農業はもちろん，産業を活発にして，中国が豊かにならなければなりません。増え続ける人々を養うには，常に国の経済を向上させていく必要があります。そこで，養う人口を減らすために始まったのが一人っ子政策でした。ちなみに国内総生産（GDP）は，日本は約550兆円（2017年），中国約1400兆円ですが，それぞれ人口で割る一人当たりだと日本が2倍以上になります。

2　一人っ子政策が生み出したもの（5分）

　都市部では2人目以降の子どもの出産に罰金を課すなどとしましたが，2人目がいると職場で差別されるなど別の問題も生まれてきました。そして，一人っ子の中には，祖父母4人と父母2人からお小遣いをもらうなどかわいがられて，わがまま放題な「小皇帝」とよばれる子どもまで現れました。一方で，貧しい農村では「闇っ子」が生まれて，都市と農村の経済格差そのものといえる状況も出ていました。

3　中国はいつまで世界一の人口なのか？（5分）

　中国は2017年でほぼ14億人。2位インドは13億人を突破，2019年初めに人口減少が報告された中国は，国連の「世界人口展望2017年改訂版」では，2024年には世界一の座をインドに譲る見通しとなりました。これまでのように中国の人口が増加し続けることはないようですが，現在の人口を養い続けるには，やはり経済のよりいっそうの発展が必要です。

地理的分野　ヨーロッパ州

05
フランスの学校でスカーフ事件!?

■ 小ネタの要点

　内　　容　1989年，フランスの中学校で，教室内でスカーフを外すことを拒否した生徒が退学になりました。この3人のうち2人はムスリム（イスラム教徒）でした。ムスリムの女性がスカーフを着用するのは普通のことでしたが，父親の権力の象徴で女性を差別するものととらえるフランスの一部の人々が着用を批判しました。もともとフランスでは，日本と同様に公立学校での宗教教育は禁じられています。フランスでの議論は，国家の宗教的中立性，政教分離の原則と，信教の自由，少数者の伝統的文化との対立などとなり，大きな問題になっていきました。その後，基本的人権の観点とスカーフ着用が特に宗教的活動などにならないとしてスカーフの着用は許されるようになりました。のち，2003年フランスの内相が身分証にスカーフ着用写真を禁止したことから論争再燃。2004年公立学校での誇示的宗教的な標章着用を禁止する法律ができました。フランスなどヨーロッパ諸国は，アフリカなどからの移民を多く受け入れてきており，それまでのそれぞれの国が想定していた国民とは異なっているといえます。つまり，日本も含めて，現在のような国際化の進んだ社会では，移民として異なるルールで育ってきた人々が，一緒に暮らすことが珍しくありません。日本でも，教室内で帽子を着用したり，スカーフを含む装身具などを身に着けることを禁じている学校が多いのですが，一方でハラールなど児童生徒給食や宿泊行事の旅行中の食事などの配慮が求められてもいます。

　ポイント　アジア州でのイスラム教学習の深度がカギになります。内容が高度になりがちなので，公民的な部分は触れず，「スカーフ」の意味がわかるようにすることと，フランスなど欧州に移民が増加している現実を伝えら

れるようにします。さまざまな信仰のご家庭があると思われますから，宗教についてのコメントは差し控えます。

■ 授業での使い方

　ヨーロッパ州の全体像と自然の学習のあと，ヨーロッパ州の生活・文化・宗教の中で，20分程度で紹介します。中心は移民と異文化（宗教）です。

1　スカーフしていると退学（10分）

　「フランスでは，かつて教室でスカーフをしていて生徒が退学になったことがある」「叱ってスカーフをとらせればいい」「退学はやりすぎ」女性のスカーフがイスラム教での教えで，必要なものだったと話します。そして，「フランスでも，みんなと同じにやりすぎだという人もいました」何を身に着けるかはそれぞれの人の自由です。ただし，学校や会社によっては制服が定められていて，学校内や仕事中は制服の着用やそれ以外の身に着けるものが制限されることを告げます。その上で「制限が許されるのはなぜ？」と問い，次に展開します。

2　移民の増加で変わるフランス人⁉（5分）

　学校や会社の一員として周囲から見られるとき，だらしない服装など外見で学校や会社が評価されるかもしれません。スポーツのユニフォームだと敵味方を見分け，一体感をもたらします。フランスは，フランス人権宣言で人権尊重の国で知られています。しかし，その人権は，みんな同じように宗教（キリスト教）を信じる「フランス人」として考えてきていたのでしょう。でも，現実は，フランスの移民人口は世界8位の780万人（2015年）近くで国民の10％を超えています〈GLOBAL NOTE HP〉。

3　ヨーロッパは移民増加中（5分）

　移民人口は，ドイツ1200万人，イギリス850万人，スペイン・イタリア580万人〈2015年　GLOBAL NOTE〉と，いずれも各国人口の10％を超えています。学校や職場で，異なる宗教や文化の人々との共存が求められる社会になっています。

地理的分野　アフリカ州

06
電気もないのに何はなくても携帯電話!?

■ 小ネタの要点

　内　　容　アフリカは面積約3000万㎢に人口約12億人が暮らします。電化率は低く，特にサハラ砂漠より南の電化率は2014年で35%〈JICAによるアフリカ支援　2017年〉に過ぎません。都市部を除くと人口密度が低く，電力供給による利益が得られないからです。そうした電力の行き届かないアフリカでも，携帯電話普及率は84.7%にもなっており，増え続けています〈総務省情報通信白書平成27年版〉。そもそも固定電話は線でつなぐ必要があり，人口密度が低い地域，人々が散在して暮らすアフリカには不向きでした。携帯電話の場合は，基地局の点を配置することで利用可能となるのでアフリカには向いていたといえます。そして，ヨーロッパの中古端末が安い価格で手に入るようになったことで飛躍的に利用者が増えていきました。タンザニアでは，日本人起業家がデジタルグリッドという会社で充電用の電力を売る事業を始めて成功してきています。アフリカには，都市部以外には銀行などはもちろん，ATMさえないのが普通です。ですから，働いて得た貴重な収入を現金で持ち歩くことを避けるための預金や，都市で働き，農村部の家族にその収入を渡す際に銀行などの送金システムを利用することができません。実は，そうしたことを解決するため，携帯電話を利用する重要目的にモバイルマネーという携帯電話送金サービスがあります。このサービスを使えばメールを送るのと同じ要領で送金ができるのです。

　ポイント　生徒がアフリカにどのようなイメージを持っているのかを確認しておくことが重要です。電力の利用がさまざまな生活の基盤を支えていることを前提にします。灯りがないと家庭での夜，街の夜がどのようになるのか想像させるとよいでしょう。

■ 授業での使い方

　アフリカ州の自然（地形・気候など）の学習導入に続き，広い砂漠や自然との組み合わせとして送電網や固定電話のケーブル網が未整備なことへつないで，20分程度を当てます。

1　よく見かける携帯片手の映像（5分）

　携帯片手のアフリカの人々が映りこんだ映像・写真を活用します（NHK for School などの映像）。生徒自身が発見するようにしていきます。「アフリカはまだ電力の整備が進んでいないのに不自然な光景がないだろうか？」この質問で，多くの生徒が発見できます。発見後は，「携帯電話の会話以外での使い方は？」「メール」「LINE」「インターネット」などの回答が予想されます。その回答を引き取り，メールのようにお金を送ることができることを話しましょう。

2　広い大地に点在して暮らす人々（10分）

　都市部以外で暮らす人々が，交通機関にも恵まれず，金融機関も利用できないことに着目させます。先進国では，あちこちの街にある銀行，ATMなどを通じてお金を預けたり，送ったりできますが，交通機関も発達しないような人口の少ない地域に支店やATMを置くことはできません。携帯を使った送金サービスは，現金を持ち歩く危険や何時間も何日もかけて持っていく手間や時間を省くことができます。

3　安い携帯電話はどこから!?（5分）

　日本の生徒の感覚では，携帯電話は価格の高いものというイメージがあると思います。携帯電話は毎年のように新製品が生まれ，毎年のように前のものが古いものになっていくことを伝えます。経済的に貧しいとされるアフリカでの普及の理由は，ヨーロッパなどの古くなった携帯電話（中古品）が安く流入することにあります。格安で手に入れた携帯電話は，生活資金を守るための大切な道具です。

地理的分野　北アメリカ州

07
大西洋に"インド"がある!?

■ 小ネタの要点

　内　　容　北アメリカ大陸は，1492年にコロンブスが発見したといわれますが，これは二重に誤っています。まず，コロンブスが到達したのはバハマ諸島のサンサルバドル島（コロンブスの命名）です。そして，発見した人物は不明です。ネイティブアメリカンがすでに住んでいたのですから，その人々の祖先かもしれません。「コロンブスの新大陸発見」は，「ヨーロッパ人では」ということになります。ヨーロッパ中心の見方・考え方でのことです。そして，何よりコロンブスは「新大陸」とは思っていなかったことに注意しなければなりません。当時，ポルトガルなどが東廻りでアジアに向かっていましたが，地球が球体であることを信じたコロンブスは，スペイン女王に西廻りでのアジア行を提案して認められました。8月ポルトガルから出航し，10月には未知の陸地に到達し，住人に会っています。住人がいる段階で「発見」にはならないのですが，コロンブスは，自分が着いた場所をアジアの"大きなインド"（国家としてインドではない）の東はずれの半島のような場所と考えていました。そこで，住んでいる現地の人々をインディオ（インディアン）と呼びました。そして，この誤解から，現在の東南アジアの島々が東インド諸島とされたのに対して，現在のバハマ諸島などを含む地域を西インド諸島と呼ぶことになりました。のち，アメリゴ・ヴェスプッチの主張により，アジアとは別の大陸として，コロンブス死去の翌年，1507年にアメリカ大陸とされました。

　ポイント　生徒は西インド諸島を知りません。まず，地図帳で北アメリカ州を開き，西インド諸島サンサルバドル島を見つけさせておきます（地図帳に「コロンブス上陸地」など表記）。

■ 授業での使い方

　北アメリカ州の導入20分程度。アジア州インドは学習済みですから「新大陸」として「発見」された場所が西インド諸島となっている点に興味を抱かせます。

1　コロンブスはアメリカ大陸を発見していない（5分）

　「アメリカ大陸を発見したのは誰でしょう？」この質問から始めます。次に，発見時に人が住んでいたことを告げましょう。彼らは1万年以上前から北アメリカ大陸に住んでいるといわれます。「人がいるのに発見？」と問いかけ，その上で，発見にいろいろな意味があるのだと伝えていきます。年表等に「1492年コロンブスの新大陸（アメリカ大陸）発見」とされるのは，どのような意味の発見かを考えさせるようにしましょう。「ヨーロッパ人では初めて」というような回答があれば，引き取って展開していきます。

2　誤解から生まれた地名（10分）

　コロンブスが生涯，アジアの現在のインド周辺から東側を意味する"広いインド"と信じたことで，到達した島々はその一部との思い込みが「西インド諸島」となり，西欧諸国では，先住民族の人々は長くインディアンやインディオと呼ばれることになりました。もともとコロンブスの目的地がアジアにあったことが原因といえる誤解です。さらに，アメリカ合衆国の首都ワシントンD.C.はコロンブスのワシントン（District of Columbia）という意味で，南アメリカ州のコロンビアは「コロンブスの地」という意味です。いずれにしても，ヨーロッパとその後の世界に大きな影響を与えることになりました。

3　ヨーロッパ中心（5分）

　世界の文明の中心をヨーロッパとする考え方は，ヨーロッパの人々が近代科学の分野を築いてきたためといえます。今でも，世界標準時はイギリスが基準になっています。また，コロンブスの航海の目的は，植民地や金銀，香辛料の獲得だったといわれます。マルコポーロの『東方見聞録』を読んでいたともいいます。日本の「黄金」を手に入れようとしていたのかもしれません。

地理的分野　南・北アメリカ州

08 移民増加でスパイダーマンの主役交代!?

■ 小ネタの要点

内　容　アメリカ合衆国の移民人口は4000万人を超えており，アメリカ合衆国の人種・民族構成では，最多は60％を超えるヨーロッパ系で，次いでヒスパニックの16％以上，アフリカ系の12％程度となります（教科書記載グラフ等）。トランプ大統領はラテンアメリカからの不法移民について，国境に壁をつくるなどの発言をして話題になりました。「アメリカンドリーム」といわれるように，"自由の国アメリカ"では，誰もが能力によって夢をかなえるチャンスがあると考えられてきました。日本のプロ野球選手もアメリカのメジャーリーグへ，日本での収入の数倍以上，年間10億円を超える契約を結んで行くなどしています。近年は，ラテンアメリカで，経済的に恵まれない人々が，経済的豊かさや職を求めて移民としてアメリカ合衆国へ行くことが増えてきました。アメリカ合衆国にとっても，安価な労働力としての移民が経済を支える面があります。「人種のるつぼ」や「人種のサラダボール」と称されるアメリカ合衆国に，ヒスパニックの割合が増えている要因でもあります。1960年代に始まった高校生が主役のスパイダーマンは，アメコミで人気のヒーローであり，映画もヒットしてきました。2011年には，原作コミックのスパイダーマンの主人公であった白人青年が亡くなり，跡をアフリカ系ヒスパニックの青年が引き継ぎました。アメリカ社会の移民の増加との関係がいわれています。

ポイント　アメリカ合衆国の学習で，イギリス移民などで形成され，独立戦争を戦っての独立国であることなどを解説し，移民によってつくられてきた国であること，アメリカンドリームや日系移民などを具体例で話していき，移民のことを理解させていきます。

■ 授業での使い方

　北アメリカ州でアメリカ合衆国を学習する際，民族構成を学ぶ項目で展開します。授業の後半に20分程度で入れて「ヒスパニック」などの移民を印象付けます。

1　「人種のサラダボール」（10分）

　アメリカ合衆国には，ヨーロッパ系やアジア系，メキシコ以南のラテンアメリカ諸国からの移民が多く住んでいます。アメリカのドラマ番組や映画では，ヨーロッパ系，アフリカ系，アジア系，ラテン系の人々が配役されており，男性と女性もさまざまな役割で描かれます。ドラマを見る人々がさまざまな民族であることに注意しているようです。多くの多様な人が集まり，一つの国家が構成される様子を，さまざまな食材で構成されるサラダに例えたのが「人種のサラダボール」です。かつての「人種のるつぼ」ではそれぞれの民族が溶け合うイメージが強いのですが，サラダボールでは，それぞれがそのままで一体となることを示します。

2　アメコミヒーローも多民族（5分）

　アメリカ合衆国では，ヨーロッパ系白人，特にイギリス系のアングロサクソンでキリスト教プロテスタント（WASP）が社会的に優位とされてきました。しかし，過去の奴隷制度をひきずる黒人差別との闘いなどを通して，差別をなくし平等な人権を保障するようになってきました。そうしたアメリカ社会を象徴するように，スパイダーマンの主人公は白人の青年から，アフリカ系ヒスパニックの青年へと引き継がれています。

3　ラテンアメリカ（5分）

　南アメリカ州学習へとつなぐように，北アメリカ州のメキシコを含み，カリブ海のキューバ，バハマ，ハイチ，ドミニカやパナマなどの中央アメリカ，コロンビア，ペルー，ブラジルなどの南アメリカのスペイン語（ブラジルはポルトガル語）圏の人々をヒスパニックと総称することを話します。

地理的分野　南アメリカ州

09
フェアトレード価格のほうが安いコーヒーがある!?

■ 小ネタの要点

　内　　容　ブラジルは，1500年以降にポルトガルの植民地となり，16世紀から17世紀にはアフリカ系黒人の奴隷労働力でのさとうきび栽培による砂糖の生産が盛んでした。その後一時期，金鉱脈の発見でにぎわいますが，19世紀には金が枯渇し，ポルトガルから独立する頃にはコーヒーの栽培が始まりました。長い間，コーヒー生産量で世界一の座にあります。2018年，コーヒー豆価格が下落して話題になりました。原因は，豊作によるものでブラジルでは過去最大の生産量になったといいます。コーヒーやカカオなど生産量によって市場価格が大幅に動く農産物では，市場価格が下がるときには生産農家に経済的安定をもたらすフェアトレードの最低価格保障ですが，品不足で一時的に市場価格が上回ったときなど，保障最低価格が下回った場合が過去にありました。現在は，最低価格が市場価格より下がらないよう変更される仕組みとなっています。コーヒー価格は将来的には上昇するといわれます。最大の生産国であるブラジルが経済的に発展したことで，自国消費が増加しています。各生産国がコーヒーの輸出などで経済的に豊かになれば，そのために自国消費が増加して価格が高騰する，そのため生産国が豊かになり……という循環がありえます。実際は，フェアトレードの認証を受ける農園がまだまだ少ないのが現状です。

　ポイント　プランテーション農業，フェアトレードをアジア州やアフリカ州で学習したことを前提としています。知識の確認をしてから説明に入ります。コーヒーの価格にとらわれるのではなく，輸出のためのプランテーション農業の欠点や，フェアトレードの弱点など，メリット・デメリットの両側面からの理解をめざします。

■ 授業での使い方

　南アメリカ州の自然，社会・文化などの学習後の時間，産業の項目での導入・確認に20分程度で用います。

1　プランテーション農業（5分）

　「フェアトレードのこと覚えてる？」「農家とかから適正価格で買い取るしくみ」「適正価格って？」「……」認証機関などが定める最低価格のことで，市場の動きによって変化します。たくさん売れて品物が不足すると価格が上昇し，豊作でたくさん品物があると価格が下がります。「コーヒーを飲む人は？」「コーヒーの世界一の生産国はどこ？」コーヒーを飲む人が増えていくと，コーヒーが不足しますから価格は上がることになるのです。アフリカでのカカオ，東南アジアでのバナナ・ゴムなどとともに，ラテンアメリカ諸国では，バナナ・コーヒーがプランテーション農業として知られます。

2　豊かになると飲み方も変わる!?（5分）

　コーヒー消費量は，最大はEUですが，国別ではアメリカに次いで2位がブラジルとなります。旧来は，高品質のコーヒーを輸出用とし，低品質のものを自国消費していましたが，経済発展とともに現在は高品質コーヒーが飲まれるようになりました。また，かつてはエスプレッソなど苦いコーヒーにたっぷり砂糖を入れる飲み方が普通でしたが，近年は都市部への国際的コーヒーチェーンの進出で日本などと同様の飲み方が広まっています。

3　日本のブラジル移民とコーヒー農園（10分）

　ブラジルのコーヒー農園と日本との関わりは古く，日本からのブラジル移民は，1908年の第1回から第二次世界大戦後の1970年代まで続きました。奴隷制度廃止後のブラジルのコーヒー農園の労働力として募集され，移民船による集団移民が行われました。10万人以上の人々がブラジルに渡り，日系人も160万人が暮らすといわれます。戦前の奴隷のような労働から成功を収めた人々もいました。現在は，日本での雇用を求めて来日するブラジルの日系人の人々も多くなりました。

地理的分野　オセアニア州

10
「世界の中心」で叫ばないで!?

■ 小ネタの要点

　内　　容　2003年100万部を突破し，ベストセラーとなった片山恭一の小説『世界の中心で，愛をさけぶ』は，高校生の白血病になった恋人を修学旅行先へ連れて行こうする物語でした。映画化・ドラマ化もされました。「世界の中心」とは，オーストラリア先住民から世界の中心という意味で「ウルル」と呼ばれ，イギリス人探検家の"発見"後にエアーズロックといわれるようになったオーストラリア大陸のほぼ中央にある標高800mを超える巨大な一枚岩です。年に300万人が訪れる観光地となっており，日本でも映画などで知られて観光に訪れる人が増えていました。しかし，「ウルル」は先住民の人々にとっては聖地であり，これまでは観光収入のため登山観光が許されてきましたが，2019年秋からは禁止されることになりました。オーストラリア大陸は，17世紀以降，ヨーロッパの人々にその存在が知られるようになり，やがてイギリスの植民地となっていきました。19世紀に金の発見によるゴールドラッシュが起こり，中国人労働者など外国人労働者が多くなると，旧来からの白人の職が失われるなどしたことから，有色人種の移民の制限を行い，白豪主義政策をとりました。白豪主義は1970年代には廃止され，多文化主義へと転換しており，近年はアジア系の人々が増えています。

　ポイント　オーストラリアについての知識は生徒によって濃淡があり，イギリス連邦の一員であることや，流刑地であったことまで知っている生徒がいる一方，位置でさえあやふやな生徒もいます。位置・地形を簡単におさえてから，植民地だったことや，大陸中心部の「ウルル」の話へと進めるとよいでしょう。エアーズロックは，地図上の位置を示した後，画像で示すようにしましょう。

■ 授業での使い方

　オセアニア州の最初,自然の学習の授業中盤に,エアーズロック（ウルル）を紹介し,先住民のこと,イギリスの植民地であったことも触れて,25分程度で話しましょう。

1　「世界の中心」はオーストラリア？（10分）

　「世界の中心はどこ？」「イギリス」「アメリカ」……。「昔は世界の中心は中国だと中国では信じられたし,日本人もそう思っていたらしい」「世界の中心」は物理的なことや地理上の位置のことではなく,文化や経済の上で語られることです。欧米諸国や日本人にとって標準時はロンドン,世界経済の中心がアメリカとなっています。それはオーストラリア先住民にとっては,「ウルル」となり,キリスト教社会がかつてローマを中心としたように聖地でもあります。

2　植民地と先住民（5分）

　オーストラリアの自然を写真資料や動画で見せましょう（NHK for Schoolなどの映像・グラフなどを活用）。アフリカ州・南北アメリカ州とも先住民が長い間,差別されて安価な労働力とされてきましたが,オーストラリア先住民も同様でした。特にオーストラリアでは,白豪主義により白人優位の社会が続きました。その政策廃止後は,多くの難民の受け入れも行って,地理的に近いアジアからの移民が増加しています。今では人口2500万人のおよそ四分の一が移民です。

3　聖地と観光（10分）

　観光地の多くは,宗教上の聖地であり重要な施設でもあります。バチカンのローマカトリック教会などは信仰者以外にも多くの観光客を集めています。観光収入は,それら施設の維持費などとなりますが,本来の目的である信仰,祈りとは別のものですから,観光によって本来の目的に沿わないことがある場合に問題となります。例えば,豊かな自然を求める観光名所が,観光客のための開発や,観光客の増加で自然が破壊されることなどが挙げられます。

地理的分野　地域の在り方

11
全品100円の商店街がある!?

■ 小ネタの要点

　内　　容　日本の商店街の多くで，お客さんの数が大きく減少し，各小売店は経営が苦しく，廃業してしまう店が多くなっています。駅前などの，廃業後の店舗に新たな出店もなくシャッターが下りたままの「シャッター商店街」が話題になって30年ほどになります。1970年代以降，多くの家庭が自動車を保有し，郊外に広い駐車場を備えたスーパーマーケットが各地に建設されるようになりました。それまで商店街に来ていたお客さんは，食料品から衣料品などがそろうスーパーマーケットへ行くようになりました。

　多くの商店街が存立の危機に陥ったのです。そうした中で，活気を失わずにぎわう商店街がある一方，シャッター商店街となり，通る人さえあまり見かけないところも増えてしまいました。特に地方都市では過疎化と併せて深刻な問題になりました。その後，一部では商店街復興をめざす意欲的な取り組みで遠ざかっていたお客さんを呼び戻す努力を行って成功するところも現れ始めました。有名な取り組みでは，「100円商店街」。特定の土日を開催日として，商店街の自分の店の商品を100円均一で売ります。お客さんは日頃より格安で買え，お店側は自分の店の商品を知ってもらう機会となります。そして，何より閑散としていた商店街が，開催日だけとはいえ大勢の人たちでにぎわいを取り戻すことができます。このイベントは各地に広がってきています。

　ポイント　生徒が商店街に興味を持つことが重要です。自宅や学校周辺の商店街と，郊外の大型スーパーマーケットとの違いを考えるように地域の有名商店街やみんなが知っている店など具体的なものを挙げて惹きつけます。

■ 授業での使い方

　地域調査の手法の導入での例示とします。調査対象と調査目的を示すことをめざして25分は使いましょう。

1　身近な商店街を調べよう（10分）

　「みんなはどんなお店で買い物しますか？」コンビニやスーパーマーケットの名前，近所の個人商店の名前などがでるでしょうか。「人が多く集まっているのはどれでしょうか」自分たちの身近な商店街はどうでしょうか。「商店街に知っているお店はありますか」「そのお店の商品はなんですか」「いつごろからあるお店ですか」お客さんが集まるアイデアを出し合って「私たちの商店街にぎやかプラン」作成など，目的を明確にしておきましょう。近所の商店街の画像や映像資料があれば活用します。

2　具体例からアレンジさせてみよう（12分）

　まったく新しいものは難しいので，各地の事例を挙げながら，それを自分たちの街のものにアレンジしてみましょう。すでに商店街として取り組んでいる地域もありますから，その場合はその取り組みを調べるように促しましょう。インバウンド（訪日外国人旅行）の増加に注目して長野県松本市では，「日本文化体験デー」，京都府宇治市では多言語ツールを用意して飲食メニューなどに多言語表記をしています。また，名古屋市の円頓寺商店街は空き家や古い建物をリメイクするなどして若者向けの新店舗に貸し出すなど独自の取り組みで知られます。外国語を英語だけと決めつけないで，韓国や中国，フランスやイタリアなど地元との関係で考えるようにしましょう。学校に来ているALTやネイティブの先生たちにも協力してもらえるとよいでしょう。

3　工夫した取り組みを調べよう（3分）

　自分たちでも商店街の工夫を調べてみるようにしましょう。近くの商店街や，保護者にも商店街の昔の様子を尋ねてみるように促しましょう。また，教員自身の思い出の商店街など自分ではなくても先輩教員などに尋ねておくとよいでしょう。

地理的分野　日本の地域的特色

12

日本の一部が外国のもの!?

■ 小ネタの要点

　内　　容　日本の国土の四分の三は山地，三分の二は森林です。国土の多くが森林だということになります。この森林資源について発展してきた中国の会社や個人が北海道の一部森林を買収しています。そしてその目的が水源地を手に入れることだとうわさされています。実際には事実として確認されるものはなく，うわさに過ぎないものといわれています。このうわさで重要なのは，「水源地」が狙われている，ということです。20世紀は石油をめぐる争い，21世紀は水をめぐる争いになると予想されています。日本のように豊富な森林資源による水資源に恵まれて，きれいな水道水を飲むことができるのは，世界では珍しいことです。そして，日本では街の食堂からレストランまで，席に着くと無料の水がサービスされます。お茶だって無料で提供されます。イギリスやフランスなど欧米では，レストランなど飲食店の水は有料です。そもそもフランス人がワイン好きとか，イギリス人が紅茶好きとかいわれるのは，水代わりに飲んでいたからだといわれます。もちろん，アルプスの水が使える国や北欧のように水に恵まれている国もあります。しかし，西アジア諸国やアフリカ諸国など水に苦しむ地域の経済発展を考えると，水をめぐる争いもないとはいえないようです。水を無料（実際は水道料金を払っています）で飲める環境では，水の価値がわかりづらいでしょう。水が使えない状況を想定すると，炊飯，洗濯，風呂，トイレなどの不自由な生活を知ることができます。

　ポイント　水の循環を知ることがポイントです。降雨雪から森林の腐葉土にろ過されることなどが理解されるようにします。事前に理科との重なりを確認しておきます。

■ 授業での使い方

　日本の地域的特色・地域区分の最初，自然環境を扱う導入部分として，地形・国土の特色につながるように20分程度で使います。

1　国土の三分の二は森林（5分）

　地図帳を開かせ，日本の地形的特色を確認します。「森林の役割には何がありますか」「酸素をつくる」「公園になる」。森林の土壌の養分が河川から海洋へと運ばれる魚付き林，水をろ過してためておく水源涵養林があることを示します。関東平野など一部を除けば，日本は山地が海に近く平野部が少ないことを，地図帳を見ながら確かめましょう。

2　森林の役割（10分）

　森林はさまざまな生物の棲み処になっており，その土は栄養豊富で近くの河川に流れ込みます。森林には水を貯える働きがあり，豊富な地下水をつくりだし，根を張ることで土砂崩れを防ぐ役割もあります。水の循環を図示して，森林の役割を確認していきます。ミネラルウォーターも地下水をボトルに入れていますから，水源地を手に入れるとミネラルウォーターを生産できることになります。また，森林を手に入れた人が，木材を得るために木を無計画に伐採すると土砂崩れの危険が増し，河川の養分も減る上，地下水にも影響を与えることなどを考えさせましょう。

3　水と空気は無料!?（5分）

　かつて水と空気は無料だと考えられてきました。しかし，バブル景気のころ（1980年代後半から90年代はじめ）には，水のペットボトルが一般家庭向けに売られるようになり，生産量では，2017年にはコーヒー飲料や緑茶飲料を超え炭酸飲料に次いで2位となっています〈全国清涼飲料連合会生産統計〉。ほかに，東日本大震災以降には家庭用ウォーターサーバーの普及率も上昇しています。今や，水は買う時代，空気の缶詰が山などの観光地で売られ，スポーツでは簡易酸素ボンベが使われている現状も伝えましょう。

地理的分野　世界の中の日本

13
「さつまいも」を別の名前で呼ぶ地域がある!?

■ 小ネタの要点

　内　　容　鹿児島の西の半分は旧国名薩摩国ですから，さつまいも（薩摩芋）は，鹿児島県以外では薩摩国から伝わったいもとして「さつまいも」と呼ぶのは普通のことです。しかし，鹿児島県では「さつまいも」は薩摩からきたいもではなく，唐から琉球を通じて伝来したいもとして「からいも（唐芋）」と呼ばれることになりました。じゃがいもの原産地が南米だといわれていることは南米学習時までに学んだことだとして，このじゃがいもも，かつては16世紀末から17世紀初頭にはオランダ船によりジャワ島のジャカルタから持ち込まれたことを由来にする名前です。さつまいもは，メキシコで生まれ，コロンブスがヨーロッパへ持ち込んでいます。しかし，ヨーロッパでは気候に合わなかったことで，東南アジアなどの植民地で栽培されて広まりました。中国名での「甘藷」の名も使われ，歴史分野では江戸時代に将軍吉宗に登用された青木昆陽が凶荒時に育つ作物として関東地方での栽培を広めたことで知られます。江戸時代には，江戸から13里離れた現埼玉県川越市付近がさつまいも産地として知られ，江戸の焼きいも屋は「栗（9里）より（4里）うまい13里」と触れて売っていたそうです。

　注意して考えると，私たちが何気なく呼ぶものに海外からの履歴を持つものがあることに気づかされます。例えば原産はアメリカ大陸で，16世紀半ばにポルトガル人がカンボジアから運んだことから「かぼちゃ」と呼ぶようになったといいます〈農林水産省HPこどもページ〉。

　ポイント　鹿児島県西部の旧国名として「薩摩国」を伝えておくことが大切。さつまいも・じゃがいも・かぼちゃが，いずれもアメリカ大陸原産で，江戸時代になる前後から外国によって運ばれたことを伝えます。

■ 授業での使い方

　世界の中の日本の自然環境・人口・資源エネルギーと産業・交通通信を学習した後，まとめに世界と日本の結びつきとして，さらに日本の諸地域への導入に20分程度使用。

1　先進地域・九州（10分）

　「今，日本の玄関といえば？」「成田空港」「羽田空港」……居住地近くの国際空港を挙げる（経験上）生徒もいるでしょう。しかし，飛行機が一般的になる前は横浜港であり，神戸港でした。さらに古く大陸から文化を学ぶような時代には，九州が入り口でした。ですから，甘藷は，唐（から）から琉球経由で入った鹿児島県では「からいも」，鹿児島（薩摩）を経由して広まると「さつまいも」となりました。九州の長崎から佐賀県小城市を通り福岡県小倉に至る長崎街道は，オランダから入る砂糖が長崎出島から運ばれていき，長崎カステラに始まり，小城羊羹など砂糖を使った菓子が多くつくられるシュガーロードといわれています〈長崎シュガーロード連絡協議会HP〉。

2　地名と産地（5分）

　魚では，スーパーマーケットで売られる子持ちシシャモはカラフトシシャモのことです。シシャモは産卵されると川底の砂に付着するそうです〈釧路市漁業協同組合HP〉。日本のスーパーマーケットでは表示に子持ちシシャモとして，産地のラベル等に「カラフトシシャモ」と記す場合があります。生徒にも事例を聞いてみましょう。

3　誤解される名前（5分）

　一方で，名前から誤解されているものもあります。「アンデスメロン」は世界地理でアンデス山脈を学ぶと，アンデス原産のメロンと誤解されがちですが，病害に強く「作って安心」「売って安心」「買って安心」の「安心ですメロン」のことで，1977年日本の種苗会社サカタのタネが開発した品種です。
　「安心です」から「しん（芯）」をとってアンデスメロンとしたものです。地名と作物や特産物の名と結びつけて地名の知識とともに定着させましょう。

地理的分野　九州地方

14
リーフカレント～サンゴ礁の罠!?

■ 小ネタの要点

　内　　容　沖縄の海は，サンゴの種類が世界最大級の多さで，そのため多様な生物が暮らし，サンゴが砕けると白い砂浜の一部になり，きれいな青い海に見せることに一役かっています。サンゴは動物（刺胞動物）で，そのサンゴの石灰質の骨格が重なってできた地形がサンゴ礁です〈日本サンゴ礁学会HP〉。サンゴの成長スピードは，種類により異なり，早いものは１年で10cm，遅いものではモモイロサンゴの１年で0.15mmといわれます。いずれにせよ成長してサンゴ礁を形成するには長い年月が必要です。沖縄の自然に触れ合う観光は人気があり，また，平和学習の素材も豊富です。そのため修学旅行先ランキングでは，中学は京都ですが，高校では沖縄が３年以上１位を続けています〈kankokeizai.com〉。生徒にとっては，美しい白砂と青い海のビーチが魅力で，海に入ろうという気持ちが高まります。しかし，サンゴ礁の美しい海は，潮が引いていく際にリーフカレントという現象を起こします。サンゴ礁は周囲に低い縁がつき，その縁は欠けたお盆のような形状になっています。そのため，潮が引き始めると欠けた部分に向かって大きな力で沖に向かった流れができます。残念なことに，このことを知らないための痛ましい事故も起こっています。美しい自然も，正しい知識を持たないと恐ろしい自然になってしまいます。

　ポイント　サンゴ礁についてはオセアニア州での既習事項ですから確認しながら進めます。ここでは，沖縄の自然の美しさが人気観光地となっていることを合わせて伝えてみます。海難事故等の当事者の存在に注意が必要です。一部分が欠けたお盆状の水が外へ流れ出る様子については，ネット上で「リーフカレント」を検索すると容易に見つけられます。

■ 授業での使い方

　九州地方のスタート授業（九州地方の自然）で，単調になりがちな中盤の時間に15分ほどで使います。

1　美ら海沖縄（5分）

　沖縄観光のTVCMなどでは，沖縄の自然の美しさが強調されています。実際，沖縄の海は美しく，バス等で移動の車窓から見るだけでもそのきれいな海に感動します。そうした中でも，美しいサンゴ礁は世界的に知られ，スキューバダイビングも大人気です。さらに，その名も「美ら海水族館」は高校生の修学旅行先の定番スポットです。一度は沖縄の海に入ってみたいと思うのも無理ありません。

2　水難事故を防ごう（5分）

　沖縄旅行では，マリンスポーツやシュノーケリングなど，実際に海に入る体験に人気があり，学校の旅行であってもそれらを取り入れてきたところも多くあります。一方で，過去には誤ってサンゴ礁の海でリーフカレントに巻き込まれた不幸な事故も発生しています。事前にリーフカレントについての知識がなかったため誤ってサンゴ礁の遊泳禁止区域に入ったこと等が原因といわれます。ほかにもスキー場の雪と雪崩等，自然は美しさとは別に，人間には脅威ともなる一面があることも伝えましょう。

3　離岸流に注意（5分）

　海辺で，岸から沖に向かって起きる強くて速い流れを離岸流（リップ・カレント）といいます。幅は10〜30mほどで沖に向かって，数十メートルから数百メートル続きます。流れの速さは秒速2mで水泳選手より速いので流れに対抗して泳ごうとすると流されてしまいます〈2008東京大学海洋アライアンス〉。もし，巻き込まれたら岸に平行に泳いで離岸流から脱出しなければなりません。海水浴での溺れる大きな原因となっています。リーフカレントもこの仲間ということになります。水難事故の予防も含めて伝えてみましょう。

地理的分野　近畿地方

15
修学旅行で大人気の鹿，実は害獣だった!?

■ 小ネタの要点

　内　　容　修学旅行の定番スポット東大寺のある奈良公園には，約1200頭の鹿がいます。修学旅行生が鹿にせんべいをあげている場面をよく見かけます。この鹿は，春日大社の神様のお使いとされています。8世紀に藤原氏の氏神である春日大社を創建する際，お祀りする神様の一柱である茨城県鹿島神宮からお招きした神様が白鹿に乗ってきたことから，鹿を神様の使いとしてきました。広島県の宮島にも鹿がいますが，こちらは厳島神社とはかかわりがありません。このように各地にいる鹿ですが，実は日本の林業・農業の大敵で，害獣チャンピオンともいえる存在なのです。2017年度森林の鳥獣被害面積では鹿が74％でダントツトップになっています〈林野庁HP〉。森林に被害を与えるだけでなく，林業経営の障害となっています。2016年度農作物の鳥獣被害は，被害額で約172億円，被害面積は約6万5000ha，被害量約49万t，うち約250万頭といわれる（北海道を除く）鹿の被害金額約56億円，被害面積約4万2000ha，被害量約38万tです。よく話題になる猪が被害額51億円，被害面積約8000ha，被害量3万5000tですから，鹿の獣害の大きさがわかります〈農林水産省HP〉。また，ニホンジカが1978年から2014年の間に約2.5倍に拡大したことで，貴重な高山植物や生物が絶滅の危機に陥っています〈環境省HP〉。動物愛護と自然環境保護を両立する工夫が必要です。

　ポイント　氏神などの用語はまだわからず，神社と寺院の区別ができない生徒が多いので，「神様の使い」という部分のみ伝わるようにします。具体的な数字を示すことで，被害の実態を理解しやすくします。環境保護と観光資源の両立を世界の諸地域の学習の中で学んでおくことが大切です。相反する2つを満足させることを思考訓練する機会として伝えてみます。

■ 授業での使い方

　近畿地方の学習，産業や観光の項目で古都の京都・奈良の話題から転じて鹿を通した農業の獣害被害へと進めるように20分程度で実施。

1　神のお使いはせんべいが大好き!?（7分）

　奈良公園では，多くの鹿が観光客から鹿せんべいをもらっている光景が印象的です。「鹿はせんべい好きなんでしょうか？」「けっこう熱心にせんべいをねだっているように見えるから好きなんでしょう」「せんべい持ってるだけで近寄ってくる」……植物ならほとんどすべてを食べるといわれます。せんべいを食べるのは，苦労せず簡単に食料を手に入れられるからだそうです。ですから，通常は山から里に下りて農作物を荒らすことが農家を悩ませることになるのです。この後，実際の被害金額などを伝えていきます。

2　どうすればいいの？（8分）

　かつてメスジカは禁漁とされた一方で鹿狩りを行う狩猟者が高齢化し減少してきました。その上，生息地域の過疎化の進展とともに耕作放棄地が拡大されたことなどで個体数が増加し，北海道（2011年度推定約59万頭）を除いて1990年前後の数十万頭から250万頭へと増えてきました〈環境省HP〉。対策には，侵入防護柵の設置以外に，増えすぎた鹿を捕獲することが必要になります。捕獲を促すために鹿や猪を食肉に処理加工し，焼却する施設の設置を進めるなどしています〈鳥獣被害対策の現状と課題／農林水産省平成26年〉。生徒自身に対策を考える時間を与えるのもよいでしょう。

3　立場が変われば見方も変わり，行動も変わる（5分）

　鹿もかわいい動物だと考えることもできます。人間の都合で増やしたり，減らしたりすることに疑問を持つことも大切です。また，「かわいい」から保護するというのも差別に通じます。動物園や水族館，植物園も一面では，自然にあるべき動物や生物，植物を一定の場所に閉じ込めて，見物しやすいように飼育しているともいえます。自然と人間環境との調和が，口で言うほど容易くないと知ってほしいものです。

地理的分野　中部地方

16
ピアノとオートバイの故郷は同じ!?

■ 小ネタの要点

　内　　容　日本のピアノ製造は，現静岡県浜松市で，1887年，山葉寅楠が浜松尋常小学校のオルガンを修理したことに始まり，1900年にはピアノづくりがスタートしました。創業者山葉の名から「YAMAHA」をブランド名にしています。最初のオルガン修理の際に内部を模写したものから設計図をつくりオルガンの試作品を完成させています。この試作品を，のちの東京芸術大学に持ち込みましたが，調律を酷評されたことで，寅楠が音楽理論と調律を1か月間学び直した悪戦苦闘の末にオルガンを完成させました〈ヤマハ（株）HP〉。1900年にはアップライトピアノ，1902年にはグランドピアノを製作しています。そして1954年にはオートバイの製造も開始しています（のちヤマハ発動機として分離）。ピアノ製造のKAWAI（河合楽器製作所）は，ヤマハの社員が独立して設立した会社で，切磋琢磨しあいながら品質の向上に努めてきたといわれます。さて，浜松市は，実はオートバイ製造でも日本の始まりの場所でした。第二次世界大戦後の1946年，本田宗一郎が旧陸軍無線用発電機の小型エンジンを改良して自転車に取り付け，1948年，現浜松市に本田技研工業を設立して原動機付自転車の製造販売が始まりました〈バイクのふるさと浜松HP／浜松市産業部産業振興課〉。1961年世界の市販オートバイによるマン島TTレース125cc，250ccクラスで1～5位独占の快挙を達成，のち「ホンダ」は自動車製造に進みました。

　ポイント　浜松市の位置を知ることから始めます。東海地方の一地方都市であった浜松が，現代日本産業の母胎となったことに注目します。固有の会社名を使えない場合は，大手楽器メーカーとオートバイの製造からF1にエンジンを提供する世界的な自動車会社などとします。

■ 授業での使い方

　中部地方の産業を扱う時間で，トヨタ自動車関連の話題とともに扱うことが望ましいです。「企業城下町」やジャストインタイムなど自動車製造にまつわる話の流れで20分程度使用。

1　日本の楽器・オートバイ生産（8分）

　「ピアノを習っている人は？」「学校のピアノはどこの国のもの？」「カワイ」「ヤマハ」「スタインウェイ」……。「原動機付自転車って知ってる？」「知らない」「小さいバイク」「電動アシスト自転車のこと」「過去に世界のオートバイレースで１～５位を独占したのはどこの国のオートバイか？」「アメリカ」「ドイツ」……。身近な話題で生徒が興味関心を抱くように進めましょう。浜松市で始まる小さな会社のピアノとオートバイづくりから，やがて世界的な大企業へ成長したことが伝わるようにします。

2　日本メーカーの活躍（8分）

　世界の有力企業2000社ランキングでは，多くはアメリカ，中国企業ですが，日本の製造業の企業は，すべて自動車メーカーで，トヨタ10位，本田技研74位，日産95位となっていました〈ForbesHP，2017年〉。ほかに，企業規模だけでなく，化粧筆で世界的に知られる熊野筆は広島県，もともとは花札をつくっていて，家庭用ゲーム機の先駆け「ファミリーコンピュータ」で知られるようになった任天堂は京都にある会社です。現在総合住宅設備会社として知られるLIXILの前身の一つ伊奈製陶（のちのINAX）は常滑焼の陶工伊奈長三郎が現愛知県常滑市に創設しています。有力企業は大都市でだけ生まれるものではないことを伝えていきましょう。

3　地方から世界へ（4分）

　近年の企業では，100円ショップDAISOは広島県，ケーズデンキは茨城県発祥の企業です。自分の地元の有力企業を探してみましょう。なぜ，その地方で，どんな事情で始まったのか，どのように成長してきたのかを調べてみるのもよいでしょう。

地理的分野　東北地方

17
東北三大祭りは夜の睡魔を払う行事!?

■ 小ネタの要点

　内　　容　「秋田竿燈」「仙台七夕」「青森ねぶた」が東北三大祭りです。秋田の竿燈は，願い事を書いた紙を短冊に貼り街を練り歩き最後に川に流すもので，江戸時代中期には，ろうそくの普及とともに，灯籠を用い長い竿を十文字にした現在の原型がつくられています〈秋田市竿燈まつり実行委員会HP〉。青森の「ねぶた」（地域によっては「ねぷた」）は，灯籠のことで，川や海に流すもので江戸中期には城下町の弘前市で始まっています〈青森ねぶた実行委員会HP〉。仙台の七夕は江戸時代の早々に始まったといわれ，飾りつけた笹竹を最後は川に流します〈仙台七夕まつり協賛会HP〉。いずれも旧暦7月7日の七夕行事として行われており，どの祭りにも共通するように最後は川に流すことが必要でした。これは，農民が朝から夜遅くまで働かなければならなかった時代に，真夏を迎えて夜の睡魔を払う，「眠り流し」の行事に由来したものです。流される灯籠などは，眠気を払うための形代といえます。農民が寝る間を惜しんで働いていた名残ですが，現在は，短い東北の夏の重要な観光資源として，日本各地から多くの観光客を集めています。

　ポイント　祭りのイメージが大切ですから，画像や動画を活用して，それぞれの祭りの様子をわかるようにします。祭りとしてのダイナミックさや派手さとは別に，本来の目的が最後の川や海に流すところにあることをしっかり伝えてみます。

■ 授業での使い方

　東北地方の観光・文化として，農林水産業中心であった東北地方のあり方を示すとともに，現代との相違を学ぶ材料として25分程度で実施。

1　東北三大祭り（8分）

「東北三大祭りを言える人？」「どれかを実際に見たことがある人」……。ここで画像または動画で簡単に紹介します。実際に見たことがある生徒の感想を聞いてみるのもよいでしょう。三大祭りをすべて細かく説明する必要はありません。いずれかを取り上げて，概要を話します。そこで，夏の夜，灯籠などの飾り，川・海に流す，といった共通項を見出せるように進めます。そして，中心は「流す」ことだと伝え，何を流すのかを問いましょう。夏の暑い中での授業でも生徒の皆さんにも起こる現象を思い出しましょう。今も昔も睡魔を払うのはなかなか難しいようです。

2　東北地方の夏の睡魔に勝つ（5分）

江戸時代は，原則，年貢を米で納めますから，農民は米づくりに励むことになりますが，気温の低い東北地方はしばしば冷害に襲われるほか，厳しい冬にも備えなければなりません。生活のために，昼の農作業以外に，夜は農具の手入れなど夜なべ仕事が当たり前でした。そうして長時間労働!?　の中，暑い夏の夜は睡魔に襲われるのですが，睡魔に負けていては仕事ができません。ですから，睡魔に打ち勝って仕事を行うようにしていたのです。旧暦の7月7日は，現在の8月上旬に当たり，東北三大祭りの開催は旧暦で行うので8月初めになります。

3　七夕以外の節句（12分）

東北地方の稲作では，4～5月の田植え後，6～7月に水の管理を行ったり追肥をしたりします。次の9～10月の稲刈りまでの間が旧暦7月，現在の8月です。お盆の帰省時期もこの時期に当たります。農作業の比較的手が空く時期ともいえます。東北だけでなく，日本がかつて農業中心であったことにも気づくでしょう。時間と知識的に余裕があれば，五節句の一つが7月7日の七夕で，ほかに正月7日，3月3日，5月5日，9月9日の節句があることも伝えてみます。家庭によっては，節句行事をしないことも増えています。七草粥を食べる日，女の子の桃の節句，男の子の端午の節句，不老長寿・繁栄を願う重陽の節句（菊の節句）と，せめて名称だけでも伝えてみましょう。

地理的分野　北海道地方

18
スケッチブックからつくられた辞典がある!?

■ 小ネタの要点

　内　　容　北海道は，本来はアイヌの人々の住む大地でした。江戸時代になると南の渡島半島松前に藩が置かれました。1869年，蝦夷地を北海道と改称しました。古代の地域名である東海道・東山道・北陸道・南海道・山陽道・山陰道・西海道の七道から，北に位置することで新たに名づけられました。古くから日本の中央政府は，東北地方や北海道地方の人々を，東方の異民族として「蝦夷」と呼んでいました。ただし，アイヌ民族と東北地方の蝦夷との関係はいまだに不明です。明治時代になってから開拓使（1882年廃止）が置かれて開拓が進められ，札幌農学校が置かれるなどしました。アイヌ民族はユーカラという叙事詩を持つなど独自の文化を築いていましたが，文字を使う習慣がなく，江戸時代には松前藩によって日本語や文字を覚えることを禁止されていました〈アイヌ民族博物館HP〉。明治初期イギリスのバチェラーがアイヌ民族へのキリスト教伝道活動とともにアイヌ語を学び，その辞典を作成しています。その後日本人による辞典がないと知った金田一京助が初めてアイヌ語辞典を完成させました。もとになる辞典がない中で，「言葉」を集めるためには「これは何か？」という「言葉」が必要でした。そこで，金田一はスケッチブックにめちゃめちゃに線を描き，集まった子どもたちに見せました。そのなんだか意味不明の絵？を見た子どもたちが叫んだのが「ヘマタ」＝「何」でした。この後，金田一は，物を指して「ヘマタ」を問うことで「言葉」を集めることができるようになったのです。

　ポイント　北海道以外の生徒は，北海道の歴史を知りません。詳しく語る必要はありませんが，「蝦夷」と呼ばれて「日本」と区別されていたことなどは伝えます。文字を持たないことが劣ることだという認識にならないよう

に注意します。文字を持たずに生活に必要なことなどをすべて覚えていることの優秀さと，民族に優劣がないことなども伝え，確認する機会です。

■ 授業での使い方

　北海道地方の導入部に20分ほどで実施します。「北海道」という地名や，「開拓使」の設置など，本州など「内地」とは異なる成り立ちを知るようにします。

1　北海道が日本じゃなくなる危機⁉（10分）

　明治時代になるまで，江戸幕府などの政権は，北海道を蝦夷地と呼び，アイヌの人々を蝦夷と呼んでいました。江戸時代末期（戊辰戦争では），会津藩がドイツ（プロイセン）に支援の見返りに蝦夷地を売ることを考えていたといわれます。江戸幕府が倒れた後，箱館の五稜郭に立てこもった旧幕府軍（榎本武揚らの箱館政権）が明治政権と敵対した際には，イギリス人（アダムス）が「共和国」と呼んだといわれます。そして，明治時代になって領土の確定などとともに，広大な北海道の開拓が始まるのです。

2　日本人入植による差別（5分）

　アイヌの人々は，古くから現在の北海道，サハリン（樺太），千島列島で活動する先住民族です。しかし，第二次世界大戦まで教科書でも差別的扱いを受けてきました。開拓のため内地から日本人が移住し始めると，アイヌの人々は日本風の名前にされ（創氏改名），土地は官有地にされるなどしました。明治時代以降，同化政策が行われていったのです。

3　異文化を受け入れる（5分）

　日本を「単一民族国家」（大和民族の国）と誤解している人もいます。アメリカ合衆国と同じように先住民族がいて，同じように差別してきた過去を持っています。1997年，アイヌ文化振興法が成立し，アイヌ語をはじめとする民族文化の尊重や振興，知識の普及が図られるようになりました。自分とは違う個性の尊重，違う国民性や文化を尊重して異文化交流を進めることが"国際化"の重要な要素となることに気づいてもらいましょう。

第2章
歴史授業の小ネタ25

歴史的分野　世界の古代文明

01
予言的中　秦を滅ぼすものは胡!?

■ 小ネタの要点

　内　　容　秦は，始皇帝によって紀元前221年中国最初の統一国家となったといわれます。始皇帝は諡名で，生きている際は単に「皇帝」，本来の姓名は嬴政（えいせい）です。中国伝説の三皇五帝を超える存在であることを示すため「皇帝」を名乗ったといいます。巨大な宮殿や中国北方・北西方の異民族・胡に備えた万里の長城などの大土木工事を行っています。郡県制を敷き，また，焚書坑儒を実行したこと，不老不死を求めて神仙思想に傾倒したことでも知られます。「秦を滅ぼすものは胡なり」という予言を信じ，胡に備えて万里の長城を築き，猛将である蒙恬将軍を置き，その監察官に信頼できる長男・扶蘇を配置しました。天下巡遊（各地の父祖の霊を巡り権力を誇示する）の際に亡くなると，その死は秘密にされ，始皇帝の車には毎食の食事が運ばれ同道していた高官の李斯・趙高が食したといい，趙高の策謀により，扶蘇に宛てた遺書は握りつぶされました。そして遺書は偽造されて蒙恬と扶蘇は死ぬことになります。その後，扶蘇の弟が二世皇帝となったのです。能力ある臣下が排除され，二世皇帝は暗愚で，趙高の思うままでした。しかし，まもなくして秦は紀元前206年劉邦に滅ぼされることとなりました。二世皇帝の名は「胡亥」でしたから，秦を滅ぼしたのはまさに「胡」だったのです。ほかにも『史記』を読んでおくと三皇五帝のエピソードなど古代中国のさまざまな話材が手に入ります。

　ポイント　中国の王朝国家の理解のためには，日本の天皇家に交代がないのに比べ，王朝が滅びると別の王朝が登場することも併せて伝えます。秦の支配について下線部の始皇帝の事業を自然に織り込み，「国家」の誕生とその統治のしくみを物語的に覚えさせます。

■ 授業での使い方

　世界の古代文明（4時間），四大文明後の1時間，20分以上を使って，中国文明から殷・周へ進めたあと，歴史への興味喚起を目的に時間を十分かけましょう。

1　文明の始まりから統一国家づくりへ（10分）

　文明を持つようになった人々が集団での生活から地域的なまとまりを経て国づくりに向かうことを学べるようにします。そして，中国を題材に緩やかな連合体で封建制を敷いた周から，統一国家・秦となっていくことを学んでいきます。時間経過によっては，鉄の利用による軍事的優位性と法家の思想による法令順守の徹底をも学べるようにします。

2　始皇帝の事業～秦の強さともろさ～（15分）

　万里の長城など生徒の知っていそうなことを中心に，教科書的にならぬよう，物語を進めていきましょう。統一国家を形成できた強みの部分と，短期間で滅びることになった弱さを伝えていけるよう，「なぜ秦は統一国家をつくるほど強大になったのか」「なぜ秦はあっけなく滅んだのか」を聞いてみましょう。前記の他にも，趙高によって，二世皇帝が「馬」と「鹿」の区別もできないほどにされたことなども伝えるとわかりやすくなるでしょう。また，『竹取物語』の「蓬莱の玉の枝」の話との関連で，徐福が始皇帝から船などをせしめて行方をくらます話を盛り込めば，中国と日本との結びつきについても考える材料となります。

3　新たな国「漢」の誕生へ（5分）

　秦を滅ぼすために登場したエリート貴族項羽と低い身分から成り上がる劉邦の物語へとつないで，周―秦―漢の連なりを意識づけます。「このころの日本はどのような時代ですか」との問いで，日本史では弥生時代の出来事だということも印象づけられるとよいでしょう。『漢書』地理志や『後漢書』東夷伝までのつながり，また，胡を説明しておくことで，東夷伝の「蝦夷」が東の未開人を指す中華思想からのものだということも解説できます。

歴史的分野　弥生時代

02

卑弥呼は日本人じゃなかった!?

■ **小ネタの要点**

　内　　容　中国の歴史書に日本のことが記されるようになるのはもちろん弥生時代です。しかし，正確に言えば，教科書にあるように『漢書』地理志に「倭人」が登場し，『後漢書』東夷伝には「漢委（倭）奴国王」の名が見え，『魏志』倭人伝には「親魏倭王」卑弥呼の名が記されています。ですから，日本のことを記しているのではなく，現在日本の地にある「倭」のことを記しています。日本を国号として見て，日本人をその国に住まう人々とすれば，日本の国号が定められたといわれるのは7世紀後半，天武・持統朝のころとされます。ですから，その意味では，のちに登場する蘇我馬子，推古天皇や厩戸王（聖徳太子）たちも日本人ではありません。そもそも"国家"の考え方が現在とは違うのです。明確な国境を定めて承認しあうような国際ルールがあるわけではないのです。私たちは歴史を学ぶときに，わかりやすくなるように，今の用語で表現していますが，内容的には現在とは異なっている場合も少なくありません。天皇号も天武天皇のころからだといわれていますから，推古や天智は天皇ではなく大王ということになります。弥生時代といっても当時の人々が弥生時代だと名乗ったわけではなく，もちろん，弥生人だと思うこともないのです。「郡評論争」といわれる，改新政治での地域の表記「郡」「評」も，後世の『日本書紀』に「郡」の記述があるために起こったともいえます。のちの表記を過去のものに当てはめたからです。

　ポイント　屁理屈と思う生徒がいるでしょう。一見正しいと思えることも，じっくり考えていくことで，本当に正しいのか，別の考え方や見方がないのか，理論的に考える習慣を身につけることが大切です。便利に使うことと，正確にとらえることを混同しないように注意しましょう。

■ 授業での使い方

　弥生時代の最終時間，歴史書に見える日本について学ぶ際のまとめに30分ほど使います。当時の記録と「現在」を混乱しないようにしましょう。

1　倭人の女王卑弥呼（10分）

　「邪馬台国の名を聞いたことがありますか」「ある」「知ってる」「では邪馬壹国は知ってる？」……「邪馬台国」は，実は原文では「邪馬壹国」という表記です。したがって「やまたいこく」とは異なる「やまいちこく」と読む説もあります。『魏志』倭人伝には，呪術を行う女王卑弥呼が記されていることはよく知られていますが，卑弥呼は「邪馬台（壹）国の女王」です。日本の女王ではありません。そして，もちろん卑弥呼は倭人であって日本人ではありません。

2　弥生時代に日本人はいない（15分）

　旧石器時代も縄文時代も，そして弥生時代にも日本人は存在しないのです。なぜなら，「日本」がないからです。日本がないのですから日本人もいないのです。中国の歴史書に「日本」のことが記されているなどといいますが，記されているのは「倭国」のことです。倭国には，倭国人がいるのです。倭国の1つである邪馬壹国に「親魏倭王」の印を与えられたとありますから，卑弥呼は倭王とされたことになります。

3　日本人の登場（5分）

　「日本」が生まれるのは，7世紀末から8世紀初めですから，日本や日本人の登場はそれ以降ということになります。しかも，それは今の生徒たちが考えるような北海道から沖縄までの範囲ではありません。東北・北海道地方や琉球地方は「征服」の対象とされていました。今の私たちが考える「国」（近代の国民国家）とは異なるものだということを，簡単に伝えるようにします。国境の範囲も隣接する国との争いの中で決まるだけで，勝敗や支配者の都合によって変わります。「漢委（倭）奴国王」とある金印にあるように倭国のなかに奴国があり，倭国は漢の支配下にあったことになります。

歴史的分野　古墳時代

03
大仙陵古墳は威圧のために つくられた⁉

■ 小ネタの要点

　内　　容　古墳時代は文字通り古墳が盛んにつくられた3世紀から7世紀のことですが，この時代は中国や朝鮮半島との関係で理解しておく必要があります。中期にあたる4世紀後半から5世紀に近畿地方に集中的に大きな前方後円墳がつくられました。特に大阪府堺市（旧河内国内）にある百舌鳥古墳群のなかの大仙（山）陵古墳は教科書が取り上げるように，面積では世界最大の墳墓として知られ，クフ王のピラミッド・秦の始皇帝陵とで世界三大陵墓とされます。支配者が強大な墳墓を築造するのは，その権威を知らしめるためと説明されます。ここでは，大仙陵古墳はなぜ河内国につくられたのかを考えてみます。現在は大阪湾から離れていますが，長い期間の埋め立て前の，古墳築造の時代で見ると海のすぐ近くにつくられています。ヤマト王権がある奈良盆地の大和国ではなく，なぜ，現大阪府にあたる河内国につくったのかを考えたとき，海の存在に気づきます。大陸との関係からは，中国への朝貢と朝鮮半島での勢力維持・拡大とを考えてみます。中国や朝鮮半島からの使節などの来訪者がヤマト王権を訪ねるときには，瀬戸内海を通り，現在の大阪湾から上陸することになります。そのとき目にするのが巨大な古墳です。現在ではビルなどの建造物に紛れてしまいがちですが，二階建てさえない時代に，巨大古墳はさぞ見る人を驚かせたことでしょう。そうしたものを築造できることをアピールすることで，外国との交渉も有利に進めることができると考えたといわれています。

　ポイント　権威・権力を示すためと知っている生徒も多いと思われます。国内向けだけではないことと，ヤマト王権が大和以外に政権を置くことから，その位置にポイントがあることを示せるようにしましょう。

■ 授業での使い方

「ヤマト王権による統一と東アジアとのかかわり」のうち古墳時代の冒頭1時間中で，巨大古墳の築造を説明する際に，その築造の目的として25分程度で伝えます。古代の大阪湾周辺や河内国の位置を画像などで図示すると理解しやすくなります。

1 巨大古墳築造の理由（5分）

巨大古墳は，広域を支配する政権の後継者にとって権威の象徴であり，従う人々には崇敬する人物の大きな権力により保護されることを意味します。序列意識と一体感が形成され，朝鮮半島からの土木技術を得たことが築造に向かわせることになります。

2 河内国につくられた大仙陵古墳（15分）

『魏志』倭人伝には，卑弥呼が死ぬと大きな冢をつくったとあり，巨大な墳墓がつくられたことが知られます。3世紀の箸墓古墳が卑弥呼の墓とする説があります。古墳時代はヤマト王権の時代です。大和国を中心にした王権ですが大仙陵古墳をはじめとする巨大古墳群は河内国にあります。4世紀末，巨大古墳が河内国につくられたのは，それまでの王朝から河内王朝に代わったからだとする説がかつて盛んにいわれました。いずれにせよ大阪湾に近く，海から臨むことができる場所に巨大な大仙陵古墳がつくられたのは，海外から来る使節が上陸するとき，その巨大さで圧倒しようとしたという説が有力です。古墳時代の大王たちは，朝鮮半島での勢力拡大・維持に力を注いだと考えられます。かつて卑弥呼が魏と結ぶのは，魏は呉との対抗上，邪馬台国は朝鮮半島で有利な立場を得て倭国内の他勢力にとって優位に立つためといわれていることと符合します。

3 国内情勢と海外情勢を総合する思考（5分）

国内での状況と，国際的な立場とを合わせて考えるようにしましょう。朝鮮半島南部の伽耶（加羅）の支配権をめぐる朝鮮半島諸国との関係と，そこでの優位な立場を求める倭王武のことなどにつなげます。

歴史的分野　飛鳥時代

04 大化の改新で蘇我氏は歴史上の悪者になった⁉

■ 小ネタの要点

内　容　厩戸王（聖徳太子）は，蘇我氏と物部氏との対立では，蘇我氏に味方し，その後の推古朝の飛鳥政権では蘇我馬子と提携して政治を進めました。しかし，太子も馬子も亡くなると，大王・皇族・有力氏族のバランスが崩れて不安定になります。権力が集中した蘇我氏は大王をしのぐ権力を持ち，大王家の乗っ取りを企てたので，皇族の中大兄皇子らに滅ぼされたといわれます。おもに『日本書紀』による説明になります。しかし，『日本書紀』など後世の記録は，戦いに勝利した側，乙巳の変で倒した（大化の改新推進）側の主張に基づいています。勝利した側が正当性を主張すると考えることができます。蘇我入鹿が厩戸王の子山背大兄王を攻め殺したことや，天皇に勝る屋敷を持ったことが蘇我氏の悪行として語られます。しかし，最近では，山背大兄王の殺害は政権の意思だったから処罰などを受けていないという説や，広大な屋敷と思われたものが朝廷を守るための武器の倉庫であったとする説もあります。乙巳の変は中大兄皇子が中心で推進したといわれます。しかし，改新政治が始まったあと天皇（大王）になった孝徳天皇は宮殿を難波に遷した後，まもなく中大兄皇子と対立しています。実際の首謀者は孝徳天皇とする説もあります。また，そもそもの対立原因が権力闘争であり，大陸との提携関係などの政治路線の対立が原因とする説もあります。

ポイント　生徒にとっては，小学校で学んで印象に残っていることが多い項目です。事件の内容・目的が人物の評価を左右します。敗れた蘇我氏のイメージがよくないのは，勝利者側が自分たちの戦いの正当性を主張するためと伝えていきます。勝った方が正しく，負けた方が間違っていることになってしまうことに注意させましょう。

■ 授業での使い方

　厩戸王の政治後の様子と，律令国家形成までの過程の中に位置づけて，改新政治の始まりについての時間の最後に20分で実施。敗れた側の人物の評価は勝利者側が行うことに注意させましょう。

1　乙巳の変の原因は蘇我氏の横暴!?（10分）

　「蘇我入鹿はどうして殺されることになったのか？」「蘇我氏が天皇より偉そうにしてたから」「蘇我氏は好き勝手なことばかりするから」「蘇我氏が悪者で中大兄皇子らが正義の味方かな」……乙巳の変の原因は，蘇我氏が厩戸王の子山背大兄王を攻め殺したことや，天皇家を乗っ取ろうとしていたので，大陸の新情報や新知識を学んで，天皇中心の新しい国づくりめざしていた中大兄皇子・中臣鎌足が計略によって滅ぼしたということになっています。従来の説明は，『日本書紀』に基づいた説明です。最近では，政治路線をめぐる対立で中大兄皇子側が計略によって蘇我氏を倒して勝利したとされています。蘇我氏の横暴といわれるものも，政権が認めたものだと考えられています。

2　歴史は勝利者がつくる!?（5分）

　蘇我氏の横暴といわれるものは，のちに作成された『日本書紀』に記載されているものです。歴史書ではもっと古い『天皇記』『国記』は厩戸王と蘇我馬子が作成したといわれています。そしてこの2つは蘇我蝦夷とともに焼失したと伝えます。その後に歴史書としてまとめられていったのが『日本書紀』ですから，中大兄皇子らの主張が盛り込まれるのは当然です。

3　誰が首謀者か？（5分）

　乙巳の変後，都を飛鳥から難波に遷し，孝徳天皇が即位して改新政治が始まります。しかし，中大兄皇子との対立で，孝徳だけ難波に残され，中大兄皇子らは飛鳥に引き上げてしまいました。この経過からすると，中大兄と孝徳の連携か，中大兄中心か，孝徳中心かが不明です。ちなみに，協力者中臣鎌足は，物部氏と蘇我氏の戦いでは，敗北者物部氏側につき，勢力が衰えましたが，乙巳の変ではかつての敵蘇我氏を滅ぼしたことになります。

歴史的分野　飛鳥時代

05
薬師寺は天武天皇が愛する皇后のために建立した!?

■ 小ネタの要点

　内　　容　672年，壬申の乱で大海人皇子が勝利し天武天皇となりました。その妻でのちの持統天皇は天智の娘でしたが，父の望む大友皇子ではなく夫の天武に従ったのです。673年天武は即位し，妻を共同統治者としました。白鳳文化を代表する薬師寺は，病気になった皇后（のちの持統天皇）の回復を祈るために天武が建立しました。そのため，本尊は病気を治す仏である薬師如来で大医王仏ともいい，左手には薬壺を持ちます。聖観音像はかつて謎の仏像といわれ作成年代も不明でしたが，今では奈良時代より前とされていますから，これも妻の回復を祈るものだったのかもしれません〈NHK歴史秘話ヒストリア～古代の日本　愛のチカラ～よみがえる持統天皇の都～〉。686年，天武が亡くなると，その墳墓を1年がかりで，持統が立つ藤原京大極殿からまっすぐに見える位置に築きました。702年持統天皇が亡くなると火葬されて，天武の眠る野口王墓（天武・持統陵）に葬られました。

　ポイント　生徒には文化史は退屈で，興味を持ちにくいものです。現代にも通じる恋愛感情などに引き付けることで関心を持たせるようにしましょう。

■ 授業での使い方

　律令国家の成立へ向けた天武天皇・持統天皇の政治を学んだ後，飛鳥・白鳳文化の特色，代表的な建造物などを説明する中で20分ほど使います。画像を活用しましょう。このネタの多くを依存した『NHK歴史秘話ヒストリア～古代の日本　愛のチカラ～よみがえる持統天皇の都～』を見ておくと天武・持統の政治がわかりやすくなります。

1　愛する皇后の健康回復を祈って（5分）

　飛鳥文化を代表する法隆寺の五重塔には頂部には鎌が載せられています（法隆寺七不思議の一つ）。画像を示せるようにして，「この鎌は何のために置かれたのか」「忘れ物？」「てっぺんの籠に入れる競技の鎌」……今では正解がわからないことを伝えつつ，魔除けといわれていることなどを伝えます。「薬師寺は誰が何のために建立したのでしょう？」「偉い坊さん」「大工」……天武天皇が愛する妻が病気になったので，その回復を祈らせるために建立しました。ですから本尊を薬師如来とし，寺の名も薬師寺です。画像資料などを用いて，薬師寺の伽藍を見せておきましょう。六重塔に見える三重塔が東西に2つあることなどを見せておくことが大切です。

2　夫婦が築いた新しい日本（10分）

　この相思相愛の夫婦は，ともに政治を進めたといわれ，天武天皇のときには天皇などの称号，貨幣の鋳造や立礼など礼法を定め，唐に習った都の建設が計画されていきました。著名な「おおきみは　かみにしませば　あかごまの　はらばうたいを　みやことなしつ」（赤駒が腹をつけて進むほどのぬかるんだ土地も都に変えるほどの天皇権力の意）〈大伴御行『万葉集』〉と詠まれるほどの力を得たのは，これまでの天皇の位を「譲り受ける」形式から，戦い（壬申の乱）で敵対勢力を討ち破って勝ち取ったものであるからだといわれます。ですから，天武自ら「現御神（あきつかみ）」と宣言して，伊勢神宮に王女を一人派遣して天照大神を天皇家の祖先としていきました。

3　夫の遺志を継ぐために皇后が即位（5分）

　天武亡き後，皇后は持統天皇として即位しますが，天武の遺志を受け継ぎ，唐の都にならった藤原京の建設を行います。この藤原京で持統が政務を行う大極殿から，天武の棺を葬った野口王墓は正面に見えていたといいます。また，持統天皇が亡くなると，当時は珍しい火葬で夫と同じ墳墓に葬られました。鎌倉時代の記録によると，墳墓の内部には，天武を納めた朱塗りの棺と，その横に持統の遺骨を納めたと思われる金銅製の壺が置かれているとあります。死後もともに眠ることになったようです。

歴史的分野 奈良時代

06
現代の高速道路並みだった古代の官道!?

■ 小ネタの要点

内　容　古代国家では，奈良盆地に藤原京・平城京を建設し，九州には大陸との窓口であり，西国の中心として大宰府が置かれました。律令国家は地方行政単位に国・郡や里を設けました。そうなると，中央政府の命令や地方からの報告を伝達する道が必要になります。そのため，国の中心国府と都を結ぶ駅路といわれる官道などが整備されていくことになります。663年白村江の戦いに敗れた後，大陸からの侵攻に備えて各地に山城を築くとともに，軍事動員に使える幅12ｍでの直線幹線道路を築いたといわれます。『日本書紀』によれば，天智天皇時代から建設され685年には七道が完成されています。近年では，各地でその道路跡の発掘が進み，群馬県では道幅12ｍの直線道路30km以上の跡が発見されています。小さな丘を切り崩すなどして可能な限り直線にしていたようです。このような大土木工事には，多くの人々を動員しなければなりません。そのためには，人々を把握する戸籍が必要ですから，律令制の戸籍が整っていることが前提です。土台に草木や石を置いた上に土を幾重にも層を重ねてつくりだしています。総延長6300kmの古代道には今なら1兆4000億円を要するといいます〈NHK「古代日本のハイウェイ～1300年前の列島改造～」〉。現代の高速道路と同じように，ほぼ直線をめざし，幅広く，しかも平坦な上に中央をやや高くして両脇に排水できるように道路を築いています。

ポイント　生徒には関心の薄い領域になりがちな産業や交通について，教科書内の地図や，図版資料を用いて，現代のものと比べて理解がしやすくなるよう解説します。自分たちの周りの道と比較してみることで，その規模がわかるでしょう。

■ 授業での使い方

　奈良時代，律令国家の成立による行政区分の解説で触れます。特に中央から大宰府への通路を中心に理解できるよう，15分ほどで地図や画像などを利用しましょう。

1　日本が攻め滅ぼされる!?（5分）

　663年，白村江の戦いで唐・新羅連合軍に敗れた中大兄皇子政権は，唐や新羅の大陸からの軍事進攻を恐れました。その進攻に備え，大宰府の前には水城をつくり，約20kmごとに烽（とぶひ）というのろしをあげて通報するシステムを整備し，対馬から大和国まで各地に朝鮮式山城を築いています。その際，大規模な軍事動員を実施できるように大きな道路の整備が行われています。軍事行動との結びつきとして覚えることで，その後の大津宮遷都や天智の即位というつながりで，政治史の流れを確認できます。

2　中央集権国家の地方統治（5分）

　645年乙巳の変から始まる，改新政治の目標は唐をモデルにした中央集権国家体制づくりにありました。中央集権国家では，中央の指示・命令に地方が従うしくみですから，その中央からの指示・命令と，逆にその指示・命令を仰ぐためや結果報告のために連絡しなければなりません。そのためには，人が往来しなければなりません。そこで，駅鈴をさげた使者が中央の都と各地の国府を往来する駅制がつくられました。駅鈴は現在の緊急自動車のサイレンと同じで，急いで道を行く際に周囲に気づかせるものといわれ，短時間で行けるよう直線の官道が整備されていったといわれます。中央集権国家の意味を再度確認していくようにします。

3　道路網の整備（5分）

　現在の日本の高速道路の1車線の道幅は3.5m，幅12mとは4車線（片側2車線）には2m及ばず，国道の場合は3mとなりますから，国道なら4車線となる幅ということになります。古代に，大勢の農民を動員して人力でほぼ直線，排水も考慮した道路を築いたことに驚きます。

歴史的分野　奈良時代

07

聖武天皇はビビりだった!?

■ 小ネタの要点

　内　　容　聖武天皇は，文武天皇の皇子で母が藤原不比等の娘宮子，皇后に皇族以外で初めて光明子（不比等の娘）を迎えます。持統天皇の孫・文武の20代半ばの死により，その子首王子（聖武）の成長が待たれました。そうして祖母・伯母から，724年に天皇を引き継ぐことになります。折しも律令国家体制が整う奈良時代前半でした。即位後まもなく聖武を支える藤原不比等の子の四子が皇族長屋王を排除した（長屋王の変）後，その藤原四子が737年に疫病で全員没するなど政府の役人の多くが亡くなります。その後，橘諸兄を中心に政権の立て直しが図られると，740年四子の一人（宇合）の子藤原広嗣の乱が起こりました。そのとき，聖武は平城京を離れてそのまま山背（山城）国恭仁京に遷都，翌々年742年には離宮紫香楽に行き，その後744年難波宮を経て紫香楽宮に遷都しています。この間，国分寺建立，墾田永年私財法，大仏造立の詔が出されています。聖武を支える妻（皇后）の実家の一員広嗣が反乱したことに大きな衝撃を受けたといわれています。そのためか，平城京の都に入らず，周囲を転々とするようなことになって，ついには仏教の力に頼る国分寺建立や，大仏造立，そして律令国家の決まりに反して民間に仏教を広める行基を認める（大僧正とする）などしました。

　ポイント　平城京から平安京と覚えていますが，実際には天皇が住むと都になることなども伝えられるといいでしょう。紫香楽や難波など都の名や位置を教科書等で確認します。平城京に入れなかったことのみを伝えて，さらに，仏教に頼る心境として，政権をめぐる争いが天皇のもとの有力貴族の中で繰り広げられることを知っておくことで，次の平安時代の藤原氏の繁栄の理由へとつなげていきましょう。

■ 授業での使い方

　律令国家の完成から，奈良時代の政治の流れを解説する最初に25分ほど使います。律令国家における天皇とその周辺についてエピソード的に話すことで自然に政治史に向かわせるとよいでしょう。

1　待ち望まれた聖武天皇の即位（10分）

　「聖武天皇の父は誰でしょう？」……教科書などの系図を示しましょう。天智天皇は子の大友皇子に譲ろうとして，弟の大海人皇子（天武）に阻まれました。天武が望んだ皇后との間の子草壁皇子は689年に28歳で亡くなっています。草壁の子が文武であり孫が聖武です。聖武天皇の父・文武天皇は聖武が7歳のときに亡くなっており，祖母元明，伯母元正天皇が即位し，まだ幼い聖武の成長を待ち，724年に聖武天皇が即位します。聖武を支えたのが，藤原不比等の四人の子であり，不比等の娘で皇后の光明子（皇后）でした。ここから政権の中心者の移り変わりを伝えるようにします。

2　さまよう聖武天皇（10分）

　ところが，大陸から九州を経て都に流行した疫病（伝染病）のために，藤原の四子と多くの中央政府の役人が亡くなってしまいました。前に見た，道路の整備は人や物を運ぶとともに，伝染病も運んできたのです。多くの人材を失った政府の立て直しに光明皇后の異父兄橘諸兄が取り組むと，740年，これを不満とする藤原四子の子の藤原広嗣が九州で反乱を起こしました。反乱は年内に治まりましたが，"身内である"藤原氏一族からの反乱は，聖武天皇にはショックでした。天皇は740年から平城京に入らず，しばらく周辺で過ごし745年にようやく平城京に戻ります。

3　天皇の後継者が兄弟から子になるのは!?（5分）

　古く兄弟で天皇位を継ぐのは，まだ天皇の権力が不十分であったため成人した弟に譲り，天皇権力が確立されるとまだ幼い子に譲ることができるようになったといわれます。天武が天皇の権力を強化したことで，子へ権力を譲ることが可能になったといえます。

歴史的分野　平安時代

08
最澄と空海の弟子をも巻き込むライバル対決⁉

■ 小ネタの要点

　内　　容　最澄と空海は，804年ともに遣唐使船で唐に行きます。最澄は国家に選ばれた僧として，一方，空海は学問僧の一人でした。早くから国家のために祈る僧となった最澄に対して，空海は大学を途中でやめて仏教を学び，願って自費で遣唐使船にようやく乗れたのです。このときの遣唐使船での留学生には，のち空海・嵯峨天皇とともに，三筆の一人とされる橘逸勢もいました。最澄は天台山で学び805年帰国。空海は，唐の都長安で密教を学んで806年帰国。最澄は天台宗を開き，比叡山を中心に活動し，のち延暦寺となります。空海は真言宗を開き，のち高野山に金剛峯寺を建立。唐から帰国後，最澄は，空海が得た密教を学ぶために，自分の弟子とともに空海に学ぶことになります。しかし，経典の貸し借りをめぐって両者は対立していきました。当時，密教は，加持祈祷などを特徴にして，貴族や皇族らに信仰されました。空海は，その死をも超越する存在として，今も高野山奥の院に生きているとして，毎日着替えの衣服や食事が届けられています。空海には，日本各地で修行中のエピソードも数多くあります。最澄の開いた比叡山は，鎌倉仏教など，のちにさまざまな新たな仏教を生み出す母胎となります。

　ポイント　最澄・空海とも日本を代表する宗教家で知識人ですが，生徒には興味のない人物でしょう。物語として，そのダイナミックな生き方を面白く伝えられようにします。

■ 授業での使い方

　平安時代初期の文化として，天台宗・真言宗の開祖を物語的に紹介することで，関心の低い宗教について興味を持たせるよう導入に25分で実施。

1　国が認める秀才最澄と進路変更した天才空海（15分）

「天才と秀才は何がちがうでしょうか？」「天才は努力がいらない」「秀才は努力してそう」……空海は讃岐国（現香川県）出身で，平安京の大学に学び，特に外国語，つまり中国語に堪能だったようです。しかし，大学での学問に満足できず，仏教に出会い全国各地に修行し，学問僧として唐に行くことになります。空海の乗った遣唐使船は嵐で航路がそれて海賊と疑われ50日間待機した際に，空海の嘆願書が役人の目にとまり，都行が許されたといわれます。空海の書の品格が信用されたのだといわれています。費用の心配なく唐で経典などを購入して帰国した最澄に対して，空海は長期間の留学を求められる留学僧でした。「○○くん，こっち向いて」○○くんがこっちを向くのと同じように，もし幸せを得る呼びかけがあればどうでしょう。密教では，神仏に呼び掛けて応えてもらう方法が加持祈祷や真言（秘密の真実の言葉）です。空海は，当時唐の長安で密教の第一人者（恵果）にその才能と学識を認められ最高の地位を得るほどになりますが，その人物の死と滞在費用が底をついて最澄の1年後に帰国します。

2　最澄と空海の師弟関係の行方（5分）

天台山で学ぶことになっていた最澄は，唐で盛んになっていた密教を学ぶ機会のないまま帰国し，空海が密教を学んで帰国したことを知り，自らの大切な弟子とともに，空海に弟子入りしました。しかし，最澄がある経典の貸し出しを求めたとき，空海は「文章で修行せず，実践修行で得る」ものだと述べて拒絶しました。このことから最澄は，空海から離れ，自分の弟子も引き上げようとしましたが，そのまま空海の弟子になる者が現れました。以後，二人は仏教について激しい論争をしていきます。

3　日本仏教の源流を築く最澄，生き仏空海（5分）

最澄（伝教大師）は，822年に亡くなりましたが，その後，比叡山で修行した多くの僧によって新たな宗派が生まれました。空海（弘法大師）は，綜芸種智院という庶民も学べる学校をつくるなどの活動し，835年，永遠の禅定に入ったとされ，今も高野山奥の院に生きていると信じられています。

歴史的分野　平安時代

09
仏像は組み立て方式で大量生産!?

■　小ネタの要点

　内　　容　仏教が通用しない暗黒時代の末法が1052年にやって来ると信じられて，乱れたこの世から，亡くなってあの世で極楽浄土に生まれるように念仏を唱えることが流行します。阿弥陀仏が極楽浄土へ導くと信じられたことで，阿弥陀仏を信じる言葉が念仏「南無阿弥陀仏」とされます。10世紀になると空也が京の都で念仏を勧め，市の聖と呼ばれます。そして寺院のお堂の仏様として阿弥陀如来像がつくられていくことになります。貴族たちにも広まり，藤原頼通はこの世の極楽浄土を表す平等院鳳凰堂を建立します。鳳凰堂の中には阿弥陀如来像以外にもさまざまな雲中供養菩薩像52体があり，いずれも仏師定朝とその工房による作品です。平安時代初期までは，木像は一本の原木から仏像を彫りだしてつくる一木造でした。しかしこの方法では，時間と労力がかかり，木材の大きさで仏像の大きさも制限されます。さらに時間が経過すると干割れも起こるため，内側をくりぬくようになっていきました。そうした問題を解決したのが，定朝によって完成されたという寄木造です。複数の木材を組み合わせてつくるので，木材の大きさに関係なく大きなものをつくることができ，各部分を分担することで，短期間に完成できます。定朝の工房には100人を超える仏師がいたといわれます。そうした工房で，数多くの仏像がつくられていったのです。

　ポイント　平等院鳳凰堂は，多くの生徒にとって小学校で学び，日常の中では十円玉の図柄として知られています。それを足場に，堂内の仏像や極楽浄土，浄土教，阿弥陀仏などに広がりを持たせましょう。その際に，図版や画像で目に見えるようにし，知識の保持にこだわらず，絵を鑑賞するように眺めるようにして画像として覚えるようにします。

■ 授業での使い方

　国風文化の時間，中盤で浄土信仰の説明に触れて，仏像の需要の増加とそれに対応する寄木造の方法を20分で伝えます。図版資料や画像を用意してみせると理解しやすくなります。

1　この世の終わりがやって来る!?（5分）

　「この世の終わりがくる，と言ったらどうします」……仏教では釈迦滅後1000年を経過すると末法という仏教が衰えて乱れた世の中になると信じられていました。その末法の始まりが1052年とされ，貴族たちは，極楽浄土に行くことを願い，浄土教を信じるようになりました。京都には念仏聖と呼ばれる空也が現れ，念仏を勧めました。

2　助けて阿弥陀様（5分）

　死の床に就いた貴族は，阿弥陀仏がやって来る（阿弥陀来迎図）屏風の阿弥陀仏の額に開けた穴から出したひもを握り，極楽浄土へ連れていってもらうよう願いました。藤原道長の建立した法成寺は阿弥陀堂として創建され，道長は臨終に際して阿弥陀堂で阿弥陀仏の手にかけた五色の糸を持ち亡くなったといいます。その子頼通は宇治に阿弥陀仏を本尊とする平等院鳳凰堂を建立して，この世に極楽浄土を表現しようとしました。

3　工房は大忙し（10分）

　こうした浄土信仰の広まりから全国各地に阿弥陀堂建築が増加していき，仏師には阿弥陀仏の注文が多くなります。これまでの一木造では仏像の制作が間に合わないほどです。定朝が完成させた寄木造では，多くの仏師で同時の多くの仏像が製造できました。あまりに忙しく阿弥陀仏をつくろうとして誤って釈迦仏を製造したことから，失敗してだめになることを「お釈迦になる」という言葉が生まれたのだとする説があります。実は，釈迦の滅した年を紀元前949年として計算し1052年を末法の始まりとしていますが，実際は釈迦の入滅は紀元前4～5世紀といわれます。ですから，末法の始まりも本当は400～500年後にずれることになります。

歴史的分野　平安時代

10
平将門の首は京都から東京に飛んできた!?

■ 小ネタの要点

　内　　容　高望王が平氏となって上総に派遣されてそのまま住み着いたことで、平氏は現地に大きな勢力を築きました。その子、良将(よしまさ)(良持とも)は鎮守府将軍として力を持ちました。良将の子将門は父亡き後、伯父たちと領土などをめぐり激しく対立して闘いとなります。935年伯父国香を戦死させてしまいます。一方、戦いに強い将門を武蔵国で争う勢力が仲介役にするなどしていました。受領(国司)と、現地で勢力を拡大する地方豪族が対立すると、939年将門は常陸国の国司と対立した人物に味方して常陸国府を攻め、占領し、さらに下野国・上野国をも征服してしまいます。その結果、朝廷への反乱とされてしまいます。それに対抗して将門は「新皇」を名乗り、自ら関東諸国の国司を任命するなどしました。940年、本拠の下総国猿島(現茨城県)に戻り、多くの臣下の兵を故郷に帰した将門は、平貞盛(国香の子)・藤原秀郷に襲われて敗死しました。同じころに起きた西日本での藤原純友の乱と併せて、承平天慶の乱と呼ばれます。武士が反乱を起こし、その反乱を武士によって鎮めた事件でした。

　ポイント　武士は天皇や貴族のボディガードとして軽んじられていましたが、その雇い主である人々に反逆すれば、貴族たちでは抑え込むことができない存在となっています。やがて政権を手にするまでになる武士の成長のうち、自分たちの力を発揮し始めてきたことを理解できるようにします。

■ 授業での使い方

　平安時代の学習中、武士の登場から武士が力をつけていく過程として、武士の反乱を武士で鎮める朝廷・貴族のあり方も伝わるようにしましょう。授

業後半25分程度で，源平の系図を使って，説明していって，次回以降につながるようにします。

1　東国の戦乱と平将門（10分）

「武士団の棟梁は？」「平氏」「源氏」「なぜ棟梁になったの？」「強いから」「偉いから」……天皇を先祖にする平氏と源氏が棟梁となりました。桓武天皇の子孫が関東に来てそのまま勢力をもったのが桓武平氏です。その中で，平良将は現在の千葉県中心に勢力を拡大し，その子将門が引き継ぎました。遺領などをめぐり伯父国香たちとは敵対して戦いを挑み，激しい戦いが行われ，935年将門軍により国香が戦死します。また，国司と対立する関東の地方豪族たちも将門の軍事力を頼りました。そうした中で，939年頼られた将門軍が常陸国を攻め占領，さらに下野国・上野国をも攻め取り関東諸国を支配し，自ら「新皇」と称しました。こうして将門は反乱者となりました。

2　平将門の乱〜何がいけなかったのか〜（10分）

940年，長く軍事行動をともにした家来を各自の地元に帰して，わずかな兵力であった将門を，警察権をもつ押領使藤原秀郷と，国香の子平貞盛が襲撃します。この戦闘で将門は戦死し，平将門の乱は終わります。反乱を通報した源経基と，秀郷や貞盛も高い地位を得ることになりました。将門の首は都で晒されました。その後，首は故郷の胴体を目指して飛び去り，途中武蔵国で力尽きて落ちたといわれます。その首が落ちたといわれるところは（東京都千代田区大手町）現在首塚とされ，強力なパワースポットとして知られます。

3　武士の力に頼る貴族たち（5分）

将門は，父が生きているときは京都で摂関家の藤原忠平に仕えていました。伯父国香を戦死させたときには，身内の争いとして許されています。将門の乱は貴族には恐ろしい記憶となり，以降武士の争いは武士に抑えさせることを繰り返し，やがて武士の力なしでは権力が握れないようになります。より強力な武士団を味方につける必要から，武士団自身が権力を握るようになるのです。以後の武力を伴う事件で「将門」と同じなど，貴族には恐ろしさの基準のように扱われます。

歴史的分野　鎌倉時代

11
北条政子は子どもを切り捨てる悪女!?

■ 小ネタの要点

　内　　容　伊豆蛭ヶ小島に流された流人（罪人）源頼朝の監視をしていた北条時政の娘・政子が，監視対象の罪人頼朝と恋に落ち，結婚することになりました。政子は，反対する父のもとを飛び出し，夜間山越えをして頼朝のいた伊豆山まで駆け抜けたことが知られています。そうして結ばれた頼朝が亡くなると，尼となり夫の築いた鎌倉幕府を支え，承久の乱の際の御家人への演説も有名です。しかし，政子は，頼朝亡き後，2代将軍となった頼家が実家北条氏に退けられ，3代将軍実朝が排除された後，源氏の将軍を置くことなく，父時政，弟義時の行動に異議を唱えた様子がありません。結果からみれば，夫頼朝との間の子頼家・実朝の死によって実家北条氏の執権政治が強化されていくことになりました。そのことから，政子は，わが子を犠牲にして実家北条氏に権力をもたらしたように見えます。子どもの側についてみると，頼家は父頼朝が妻の実家北条氏に頼ったように，自らの妻の実家比企氏に頼り，実朝は京都の後鳥羽上皇などと深く結びついていました。いずれにしても北条氏には不利になることでした。その局面で，北条政子が実の子どもたちを守る側にいなかったことになります。では，何を守ろうとしたのでしょうか。鎌倉幕府の政権基盤は，関東の武士団でした。その力の上に政権があり，将軍があったと考えます。将軍もその力を無視することはできないのです。

　ポイント　生徒は，将軍には絶大な権力があるように思います。しかし，鎌倉幕府政権は，力を尽くした関東武士団により得られたものです。関東武士団に背かれれば政権は崩壊します。だからこそ，承久の乱の北条政子の関東武士団への演説が大きな意味を持つことを伝えましょう。

■ 授業での使い方

　鎌倉幕府の成立から執権政治に移行する際に，政権の性格を知るために中盤に25分ほどで実施します。源氏系図（義朝から実朝まで）を用いながら説明しましょう。

1　平氏政権とは違う頼朝政権（10分）

　「平氏政権の強力な様子を表す『平家物語』にある言葉は？」……「平氏にあらずんば……」平氏政権は何より一族を大切にしました。ですから政権の中心を一族で占めることになったのです。しかし，源頼朝は一族よりも自分を支え助ける関東武士団を大切にしました。弟義経は奥州平泉で滅ぼされ，また別の弟範頼も謀反を疑われ伊豆に流されています。ですから，源氏の政権は，血縁の一族より家臣となって働く武士たちを尊重していることがわかります。

2　源氏の将軍の運命⁉（10分）

　2代頼家は伊豆国修善寺（修禅寺）に流されて謀殺されています。3代実朝は鎌倉の鶴岡八幡宮で殺害されました。その殺害犯として頼家の子公暁が殺されるので，源氏の将軍は3代実朝で終わります。その後は京都の藤原摂関家から幼子を譲り受けて将軍とする摂家（藤原）将軍2代，さらにその後皇族から迎える親王（宮）将軍となっていきました。深夜の伊豆山を駆け抜けるまでして父時政の反対を退け，頼朝の妻になった政子は，頼朝の死の1年後，菩提を弔うために剃髪した自らの髪の毛で曼荼羅を作成しています（伊豆山神社の頭髪曼荼羅）。夫を愛したほどは子どもを愛せなかったのでしょうか。それとも夫の築いた鎌倉幕府の存続を，子どもたちより優先したためでしょうか。家族のためか，家臣のためか，生徒に問うのもよいでしょう。

3　執権と将軍（5分）

　執権北条氏が将軍になれないのは平氏だからというよりも，それでは関東武士団の信頼を得られないからでしょう。また，関東武士団を自分の支配下にするために有力御家人を滅ぼしていったともいえるでしょう。

歴史的分野　鎌倉時代

12
3人描き足し疑惑の蒙古襲来絵巻!?

■ 小ネタの要点

　内　　容　蒙古襲来の危機は，元の皇帝フビライからの国書による服従要請から始まっています。朝鮮半島での抵抗軍に手間取りはしましたが，やがて1274年文永の役，1281年弘安の役となります。本来，陸上で戦ってきた元軍（モンゴル軍）が多数の軍船を用意して2度にわたって攻めてきました。しかし，2度とも暴風雨と御家人の奮戦等で撃退されました。軍船が商船を改造した急ごしらえのものだったから，あるいは元軍の多くは高麗兵であったことが元軍の敗因といわれています。その元寇の際の，蒙古襲来絵巻（絵詞）は，肥後国御家人竹崎季長が，元軍と戦う自分の様子を描かせたといわれる絵巻です。のちに恩賞を得ることも描かれています。教科書に掲載されることが多いのは，元軍（大部分は征服された高麗兵）と騎馬で相対している竹崎と，矢が放たれている様子，「てつはう」が破裂しているところが描かれている部分です。「てつはう」は，火薬が入っていて，破裂すると周囲に破片が高速で飛び散り殺傷するものだということがわかっています。また，馬上で一騎打ちをする習わしの武士と，集団で攻め寄せる元軍のこともわかります。この絵の騎馬の竹崎と向き合う元軍兵の部分について，貼り合わせの紙が上下にわずかなずれがあります。ところが，元軍兵の絵にはずれがないため，絵を貼り合わせた後の加筆とする説があります。さらに，竹崎の命で行われたとする説と後年の加筆とする説があります。

　ポイント　元寇を国家の危機ととらえる生徒は以外に少なく，台風（神風）に守られたとする説を信じる生徒も多いようです。暴風雨ではあったようですが，それだけでなく，準備に時間を与えてくれた高麗の三別抄の乱や，御家人たちの戦いが侵攻を防ぐ大きな要因であることを伝えましょう。

■ 授業での使い方

　鎌倉幕府が滅亡に向かう授業で元寇を扱う時に，絵巻の図版を利用して解説します。生徒に，過去に唱えられた説の思い込みの誤りや，歴史史料がすべて正確ではないことを含めて，20分ほどで伝えましょう。

1　元寇は国家存亡の危機だった（5分）

　フビライの領土拡大はモンゴルから中国支配，さらにインドシナ半島，朝鮮半島，そして日本へと及ぶ戦いとなります。先に占領された高麗が，その後の日本侵攻の主力とされています。「海底で発見されたモンゴルの軍船からは農工具が見つかっていますが，これは何を意味しますか」……戦争後は移住を予定していたといわれます。敗れれば占領されていたことになります。次に生徒に蒙古襲来絵巻を見て気づくことを考えさせましょう。

2　御家人の奮戦の蒙古襲来絵巻（10分）

　暴風雨があったことで撃退されることになりますが，御家人の「一所懸命」の戦いが元軍を船に後退させたことも重要です。一騎打ちと集団戦，火薬の使用など戦闘方法が異なるなかでの戦いでした。その様子を伝えるのが蒙古襲来絵巻になります。貼り合わせがずれているのに絵はずれず，オレンジの元軍兵の向きに対して竹崎に矢を構える元軍兵が衣服を含め不自然だといわれています。1281年，弘安の役では約4400隻14万人の大軍で攻めてきました。単純計算で，1隻32人の軍船をこれだけ用意するのは簡単ではありません。ですから，新造船ではなく，商船の改造船が多く混じっていたといわれています。そのことも暴風雨に耐えられない理由と考えられています。

3　祈りが通じて嵐が起こって国が守られた!?（5分）

　元寇の際に，朝廷や幕府のために大きな神社や寺院は敵を退けるように祈りました。その結果!?　元軍が撃退されたことで，元寇以降，「神風」が吹いたといわれるようになり，第二次世界大戦で敗色濃厚となった日本軍が「神風」に期待する原因ともなります。また，領土の増えない戦いに，御家人が十分な恩賞を得られなかったことなどが幕府滅亡にもつながります。

歴史的分野　室町時代

13
足利尊氏の兄弟げんかが南北朝の争乱をややこしくした!?

■ **小ネタの要点**

　内　　容　足利氏は源氏の一族で，源義家が遺したものに「7代のちの子孫が天下を取る」とありました。7代目の家時が達成できなかったので，3代後に天下を取るよう祈願したといい，3代目の尊氏が果たしたという伝説があります。尊氏ははじめ執権北条高時から一字をもらい「高氏」と名乗りましたが，後醍醐天皇とともに鎌倉幕府を倒してから，天皇の諱尊治から「尊氏」となりました。しかし弟・足利直義が，1335年鎌倉で起きた北条高時の遺児時行による反乱（中先代の乱）を鎮めるために派遣されて苦戦すると，京都から救援に駆けつけ，鎌倉に留まることで天皇との関係が悪化しました。天皇の許しを求めて謹慎していましたが，尊氏追討軍との戦いで直義が危機に陥ると，「弟直義が死んだら生きていても仕方ない」と戦いに加わり反乱軍となります。いったんは敗れ九州まで行き，その後，東上して1336年には京都を制圧したのち，直義にすべてを譲り遁世したいと言い出しています。しかし，その後，大覚寺統の後醍醐天皇に対し，持明院統の光明天皇を立てて，1338年には将軍となります。こうして南北朝の争乱となっていきました。室町幕府では，尊氏が主従関係で支配する一方，直義が統治権的支配（裁判や行政）を行いましたが，尊氏の執事（足利家執事）だった高師直が直義と対立，やがて直義が政務を退き師直がそれに代わろうとする事件が起こります。その後，直義の子足利直冬の勢力が大きくなると，尊氏がこれを討とうします。それに反応して引退していた直義が南朝に下って勢力を拡大しました。1351年，今度は師直方が力を失い上杉能憲に殺害されます。そこで直義が復帰しますが，尊氏は自分を支持する勢力が強まると直義と対抗するため南朝と結び，捕らえられた直義は1352年には亡くなります（毒殺説

があります)。

　ポイント　敵味方が入れ替わり混乱しやすいので図や表にしておくとわかりやすくなります。尊氏と直義の兄弟仲の変化と，それぞれ南朝を利用することが南北朝の争乱を長引かせていることを伝えるようにします。

■ 授業での使い方

　室町時代南北朝の説明とともに，物語的に語って南北朝の争乱が長引いた理由を20分ほどで説明していきます。名前などで混乱しないように系図などを利用して整理しながら進めましょう。

1　兄弟仲良く幕府をつくる（5分）

　「兄弟のいる人は，兄や弟のために命がけになれますか」……足利尊氏の弟・足利直義は戦下手で，兄の尊氏は弟が闘いで危機に陥るたびに救援し，結局天皇への反乱にまでなります。尊氏は，「弟なしでは生きる意義がない」と言い切るほどの弟思いです。そうした兄弟の結びつきで幕府がつくられていきました。威厳のある尊氏が将軍として家臣との主従関係を結び，役人的能力を発揮する直義が裁判などを扱う役割分担をして幕府を動かしました。

2　仲良しだったのに（10分）

　命がけで弟を思う兄尊氏も，幕府ができてしまうと足利家の執事高氏と直義の対立から弟直義との仲が険悪になります。同じ兄弟でこんなに変わるのかというほどです。尊氏は，直義に迫られて高氏を死においやり，その直義もその子直冬とともに勢力を拡大してくると，捕らえて隔離し，毒殺したといわれます。いったい何があったのでしょうか。

3　後醍醐天皇と尊氏は敵？　味方？（5分）

　この尊氏兄弟の争いの結果，双方がそのときどきに有利になるために手を組もうとしたのが南朝勢力です。そもそも尊氏・直義の幕府側がつくったのが北朝で，それに対抗して後醍醐天皇側が南朝となったはずです。敵であるはずの南朝を取り込み，北朝方を相手に戦うのです。これでは，都合によって南朝にも北朝にもなってしまうので，勝敗がなかなか決しないのです。

歴史的分野　室町時代

14
足利義満が子どもをえこひいきしたから金閣も危うくなる⁉

■ 小ネタの要点

　内　　容　足利義満は，室町幕府の３代将軍として室町幕府では最強の将軍といえます。南北朝の合一，有力守護大名を武力制圧し，金閣の造営などを行っています。義満は，1368年征夷大将軍となり，1383年武家で最初の准三后となります（太皇太后（前々天皇后）・皇太后（前天皇の后）・皇后に準じた待遇を受ける）。1394年義持に将軍を譲り太政大臣になって，さらに妻を天皇の准母（名目上の母）とすることで自らは天皇の准父，形式的には上皇の地位を得ます。長男との親子関係が悪い義満は，公家との関係を深め，次男義嗣の官位を異例のスピードで上昇させて，1408年公卿にまでしています。こうして，武家の棟梁には長男義持を置き，朝廷でのトップには次男義嗣を置こうとしています。義満自らは准父（＝上皇）になっているところからすれば子を天皇とする可能性も否定できません。そうなると，天皇家を足利家が乗っ取ることを意味します。見方を変えると，義満は将軍義持の上に天皇義嗣を置こうとしたことになります。しかし，義満はその1408年に亡くなってしまいます。義満がつくらせた金閣には，空中廊下でつながる天鏡閣という建造物があり，明の使節との対面などに使用したといわれます。この天鏡閣は義持が破却し，父義満が始めた日明貿易もやめてしまいます。義満没後の義持の行動は，弟を天皇位に就けて将軍の上位とする父への反発ととらえられ，とにかく父のやったことを否定したかったのだといわれます。

　ポイント　中学生には難しい内容なので，細かな話というより，義満の男子２人に対して，一人は武家の棟梁，一人は公家からのちのち天皇を望んだかもしれないことを，義満の政策とともに，権力の強大さとして伝えましょう。

■ 授業での使い方

　室町時代，幕府の学習では，足利義満の業績は特筆されます。政治的・文化的業績を羅列するだけでは，知識の定着が図れません。政治的・文化的それぞれの目的や前後の出来事を組み合わせ，25分で伝えます。

1　混乱を収拾する将軍の登場（5分）

　「室町幕府最強の将軍は誰？」「足利尊氏」「足利義満」「足利義政」……知っている将軍の名があがるでしょう。初代足利尊氏は，南北朝の争乱の中で没し，2代義詮も有力守護との対立で苦しみました。3代義満は幼少で将軍となり，当初は有力守護で管領の細川頼之の補佐を受けました。成長すると，頼之を排除して自ら政治を進め，1392年には半世紀以上も続く南北朝の争乱を治め，南朝から北朝への譲位に成功します。

2　強大な権力者義満（15分）

　義満は，二条良基と結び，朝廷内でも地位を高め，1390年以降，有力守護の土岐氏，山名氏，大内氏を次々に制圧しています。明との国交を回復し日明貿易を開始したときには，明から「日本国王源道義」（道義は出家後の名）とされています。2人の男子のうち長男義持を将軍にして，弟の義嗣を公卿にしています。義満自身，准三后となった上，妻を天皇の准母とすることで准父となり形式上の上皇になって，義嗣の地位上昇を後押しし，天皇位を狙っていたといわれます。「将軍と天皇ではどっちが上の地位ですか？」……将軍を任命するのは天皇です。そうすると義持は，弟義嗣の下に置かれる可能性がありました。

3　父への反発で政治？（5分）

　父義満が没すると，義持は父の始めた日明貿易を中止しました。義満がつくらせた天鏡閣という建造物は，2階建てさえ珍しい当時，金閣と空中廊下でつながっていましたがこの天鏡閣も破壊しています。義持の後継，子の5代義量は在職2年足らずで急逝して，義持が後継将軍を指名せず混乱した挙句，くじ引き（神慮）により義教が6代将軍となっています。

歴史的分野　室町時代

15

お茶会は豪華懸賞付きクイズ大会!?

■ 小ネタの要点

　内　　容　茶は，古く中国で薬として飲まれ，日本の記録上では805年最澄が茶の実を比叡山に植えたことが知られています。鎌倉時代に臨済宗を開いた栄西が，鎌倉幕府3代将軍源実朝に茶を勧め，『喫茶養生記』を著しています。はじめ禅宗寺院で喫茶の風習が広まり始め，鎌倉時代に，見た夢をすべて記録した『夢記』で有名な明恵により高山寺に茶園が開かれました（栂尾茶）。その後，駿河，伊勢，大和等に産地が広がりました。南北朝期には，茶の飲み分けの競技である闘茶が流行し，栂尾茶を本茶として，他地域の非茶とを飲み分けることが始まっています。いわゆる利き茶です。闘茶は茶歌舞伎や茶寄合ともいわれて，賞品を設けてゲームのように行われ，ギャンブルのようでした。バサラ大名として有名な佐々木道誉が，豪華な景品を賭けていたことが知られます〈『太平記』〉。今のクイズ番組のように，豪華な飾りつけや豪華な賞品を並べて盛り上げていました。茶を飲むよりも，その集まりを大宴会とするような雰囲気だったようです。あまりに闘茶が流行するので幕府が禁止令を出すほどでした。他方では，この流行が茶を広めることにもなり，やがて，東山文化のころには，茶の湯を芸術へと変えていく動きが起こり，村田珠光の出現で侘茶が始まると闘茶はすたれて，武野紹鷗，千利休へとつながっていきます。

　ポイント　茶の湯は，実際に教わっている生徒と縁遠い生徒の差が出ます。なるべく画像資料などでイメージを揃えるようにします。茶の湯は，近世の城下町だった都市には経験できる場所がありますから，そうした場所を紹介してもいいでしょう。京都や東京では，古い庭園などに茶の湯体験ができるところが多くあります。

■ 授業での使い方

室町時代の文化のまとめで茶の湯から千利休へとつなぐように15分ほど使います。できれば，通常の現代のお茶会も含めて，画像などを提示してイメージを持てるようにしましょう。

1　お茶を飲む集まり（5分）

「急須を使ってお茶を淹れて飲む人はいますか」「急須って何？　ペットボトルでしょ」はじめ，中国で茶は薬として飲まれていました。日本でも，鎌倉時代に臨済宗を伝えた栄西が茶を飲む（喫茶）ことを，体調のすぐれない将軍源実朝に勧めており，『喫茶養生記』を著しています。南北朝期には足利義満が宇治に茶園をつくらせたことから今日の宇治茶の名園が生まれました〈宇治市HP〉。室町時代になると茶寄合などといって集まって，商品を賭けて，茶の産地や質を当てるクイズ大会のような闘茶が行われて流行します。

2　茶を飲んで大宴会＆クイズ大会（5分）

流行により多くの人々に喫茶の習慣が広がっていきました。室町時代のはじめ，南北朝期には大勢で集まって酒や食事を楽しみながら娯楽として茶を飲み，産地と品質を当てる闘茶が大流行しました。中でもバサラ大名佐々木道誉は，唐物といわれる中国からの輸入品（現代でいえば外国のブランド品）など豪華絢爛な賞品をつけた闘茶を行っています。のち，1587年，豊臣秀吉が京都北野天満宮で公家・大名から庶民までの参加を呼びかけて行った北野の大茶会が開かれていますが，これは秀吉の権力の強大さを示すためといわれます。

3　茶を飲むことの変化（5分）

室町時代には抹茶が中心で，江戸時代になると茶葉に湯を注ぐ煎茶中心になります。茶の葉を完全発酵させたものが紅茶，半発酵がウーロン茶，発酵させないものが日本茶です。抹茶はさまざまな道具立てが必要で，煎茶は急須で淹れます。そして今ではペットボトル茶が主流なのでしょうか!?　そして，現代でも，茶販売店などで闘茶のように利き茶が行われることがあります。

歴史的分野　江戸時代

16
戦国最後の勝利者は織田信長だった!?

■ 小ネタの要点

　内　　容　信長・秀吉・家康は，よく比較され，最終的には家康が勝利したようにみられます。信長が，武力で国内統一に向けて戦国大名を制圧していき，秀吉が統一を果たして，家康がその土台の上に幕府を築いたことになります。織田信長は，天下統一の途次で1582年，本能寺の変に倒れたことはよく知られています。しかし，明智光秀が必死に探させたはずの信長の遺体は発見されませんでした。そもそも明智光秀が襲った理由には諸説あり，いまだ確定していません。信長は倒れましたが，視点を変えて，女性の方から見ると，信長の娘は，家康の長男信康や前田利家の子利長などに嫁いでいます。信康は父家康に命じられて切腹という悲劇的な最期となりますが，娘たちは小笠原秀正や本多忠正という江戸時代を通じて大名家として存続した家に嫁いでいます。また，信長の妹お市と浅井長政との間の子，茶々，初，江の三姉妹は，長女茶々は秀吉の側室，次女初は京極高次（室町時代の四職の一つ）に嫁いで，三女江はのち2代将軍となる徳川秀忠と結婚しています。この江の生んだ男子の一人が3代将軍徳川家光，娘和子が後水尾天皇の中宮となっています。さらに和子が生んだ娘が明正天皇として即位しています。そうしてみると，結局，信長一族の血が将軍家や天皇家に入ったことにもなります。ですから将軍や天皇を日本の支配者とするなら，織田氏一族はその支配者側になったということになります。

　ポイント　歴史の中では卑弥呼，北条政子や日野富子，淀君のような女性以外は取り上げる機会がありませんから，生徒にとって母や妻，娘の側の存在が見えにくいと考えられます。そうした視点でも歴史を見られるように促していきましょう。

■ 授業での使い方

　織豊政権の最終時間，家康の江戸幕府につながる説明場面で20分ほど使いましょう。ネット上などに信長やお市などの系図がありますから，活用するとわかりやすくなります。

1　ミステリアス織田信長（5分）

　織田信長は，家臣明智光秀に襲われ，1582年本能寺の変で亡くなります。明智光秀が主君信長を襲った理由はまだ確定できず，明智光秀の前半生も不明だといわれてきました。さらに，山崎の戦いのあとに死んだ光秀は，実は生存して江戸時代に天海僧正となったなどという説まであります。「ところで信長って本当に死んだの？」……用心深い信長が不用心な宿泊，そして，報復を恐れる光秀が必死で探した信長の遺体は本能寺で発見されていません。信長周辺にはさまざまな謎や事件があふれています。

2　信長・秀吉・家康の子どもはどうなる？（10分）

　秀吉の子は大坂城落城時の秀頼を最後にすべて亡くなり，秀頼の娘だけその後，千姫（家康の孫）が助命し，養女としました。そして鎌倉東慶寺（縁切寺として有名）に入り天秀尼になりますから子はいません。家康は，多くの子をもうけていますが，直系でいえば，7代将軍家継で途絶え，尾張や紀伊・水戸家とともに養子を迎えるなどして存続していきます。信長はどうでしょうか。娘の子や妹の子がのちのちまで織田氏の家系を伝えていきます。中でも，妹お市の方の娘，秀吉の側室茶々，室町時代の名門京極家の正室初，2代将軍徳川秀忠の正室江が有名です。

3　将軍家と天皇家へつながる血筋（5分）

　信長の妹お市の娘で徳川秀忠と結婚した江は，3代将軍家光を生み，さらに娘和子を後水尾天皇に入内させています。後水尾天皇が，のち紫衣事件で譲位し院政開始時には，和子の生んだ娘が明正天皇として即位しています。ということは，家光と明正天皇は徳川の子孫でありながら，信長兄妹の子孫も将軍と天皇になったことになります。

歴史的分野　江戸時代

17
幕府は国内向けに朝鮮通信使を利用した!?

■ 小ネタの要点

　内　　容　一般には「鎖国」の語が使用されますが，現実には薩摩藩を通じて琉球王国，松前藩を通じてアイヌ民族，長崎出島で幕府がオランダ・中国（明のち清），対馬藩を通じて朝鮮との外交関係を持ちました。琉球王国は将軍交代時に慶賀使・国王交代時に謝恩使を江戸に派遣，オランダ・中国は国際情勢等の報告書である『オランダ風説書』『唐船風説書』を幕府に提出していました。秀吉の朝鮮出兵で断絶した朝鮮とは，家康のときに国交を回復，はじめは朝鮮出兵のときの捕虜を連れ戻す目的で回答兼刷還使として使節が来日。のち家光のときから朝鮮通信使として，将軍交代時に来日するようになりました。もちろん，国交をもつ国同士ですから対等な関係の外交となります。日本の人々は，中国に近い文化，儒学の発展した国の人々として，使節一行の中の学者に教えを乞うなど，途中の宿泊地で交流が行われています。また，数十年に一度の外国人使節の行列見物は，通り道での庶民にとって生涯一度あるかなしかの一大イベントでしたから，沿道には大勢の見物客が集まり，使節団が来る前に道路を掃き清めるなどしていました。一方で，幕府は朝鮮通信使への江戸登城など，外国使節が将軍にあいさつに来るように見せました。つまり，国内向けには琉球使節のように，日本に従う使節のように見せかけました。

　ポイント　生徒の多くは「鎖国」＝外国との交渉がない。また，朝鮮との関係では秀吉の出兵と関連づけることができません。実際は，琉球やオランダ・中国を通じて国際情勢を把握しようとしていることや，朝鮮出兵後の国交回復からの通信使の来日があります。また，現在と異なり，一般の人々が外国人を見ることが稀であったことも伝えておくとよいでしょう。

■ 授業での使い方

　江戸幕府の対外政策としての「鎖国」を学ぶ最後の時間。薩摩と琉球王国，松前とアイヌ民族，オランダと長崎との関係とともに対馬宗氏と朝鮮との関係について地図を用いて，25分程度で説明しましょう。

1　朝鮮との偽りの国交回復（10分）

　「秀吉が朝鮮出兵したのに，また付き合えたのはなぜ？」……国交回復には，対馬藩宗氏が仲介しました。対馬藩は朝鮮との貿易で経済的に成り立っていましたから，家康より国交回復の願いは切実でした。そのため，謝罪を要求する朝鮮と，過去は秀吉のこととする家康の双方の国書を改ざんして国交を回復させました。のち対馬藩のお家騒動の中で露見し，家老らが処罰されています。

2　朝鮮通信使の来日（10分）

　1607年には，朝鮮出兵時の捕虜の引き取りのため，1624年は家光の将軍就任祝賀のため，それぞれ使節が来日。1636年以降は朝鮮通信使として来日。京都では耳塚（朝鮮出兵時に朝鮮の人々から切り取ったものを埋めた塚），江戸では江戸城登城，さらに日光（家康を祀る）社参を強く求め実現しており，明らかに外国使節が将軍を敬っているように見せています。本来は，通信使は，友好関係を示す使節であり，日朝は対等な関係でした。対外的に日本国内とするはずの琉球の使節の行列が，異国風服装・髪型，旗・楽器などで「異民族」としての琉球人が将軍に入貢するように見せたのと同様です。

3　庶民と通信使（5分）

　通信使は，対馬藩が先導して船行列をつくり，玄界灘から瀬戸内海を，途中の宿泊地で接待を受けながら大坂へ行くため，漢城から江戸まで6～9か月（うち釜山での準備2～3か月，釜山からは2～3か月）かかります。朝鮮側からは，朝貢する宗氏に先導させた日本巡察使でした。日本の使節通過の沿道住民にとっては生涯一度？　の，外国人を見る一大イベントでしたから，大勢が見物に出ました。

歴史的分野　江戸時代

18
江戸っ子は宵越しの銭は持たねぇ!?

■ 小ネタの要点

　内　　容　徳川家康が，太田道灌の旧江戸城の地に新たに江戸城を築き，幕府の中心地としたことで，日本一の城下町として発展したのが江戸でした。南東側は海が入り込み，大規模な埋め立てによる街づくりが行われました。下町といわれる東側は，掘ると海水が出るので，井戸水が確保できず水売りが商売になります。全国から各藩の武士が集まり，町人も合わせて，18世紀には人口100万人となっています。江戸城（現皇居）周辺は武家屋敷で，その外側に町人の住居が広がります。江戸は，火災が多く，大火だけで数十回といわれ，とくに1657年，明暦の大火は江戸城本丸を焼失する大火災でした。その翌年，大名が自らの消防組織である大名火消のほか幕府が定火消を組織し，徳川吉宗が主導した享保の改革では，さらに町人のための消防組織として町火消が設けられました。庶民の中で，表通りに家屋敷を持つのは大店と呼ばれる裕福な商家で，庶民の多くが裏通りの平屋の長屋住まいでした。長屋は5戸ほどが連なって一軒で，一戸分は四畳半や六畳一間で，かまどのある土間付き，トイレや炊事場は長屋住人全体の共同でした。一間に家族4人や5人が暮らすので，布団を敷くといっぱいになります。昼は，布団をたたんで隅に置きます。火事のときには，布団など最小限の荷物を持って逃げます。逃げ遅れないよう，大きな家財道具は持ちません。稼いだお金を貯めて大きな家財などを買うのは無駄だと考えられていました。つまり「宵越しの銭」は火事で失ってしまう可能性が高いのです。

　ポイント　生徒が陥りがちな，お金を貯めて家屋敷など有形の財産を持つことがステータスとする現代の考えは通用しないのです。どうせ焼けてなくなるかもしれないものより，今を楽しむことを大切にしていたことを伝えま

しょう。老後のために，現在の家族との時間を犠牲にする現代の会社員との価値観の違いを感じることが大切です。

■ 授業での使い方

　三大改革のはじめ，享保の改革の学習の終わり，江戸町火消しと併せて，当時の庶民の暮らしを伝えられるように20分で伝えます。可能であれば，江戸の町の図または東京23区の地図を提示すると理解しやすくなります。

1　江戸の町づくり（5分）

　「最初に江戸城をつくった人は？」「徳川家康」「大工？」……室町時代の武将太田道灌が，15世紀に築いたといわれます。その後，家康が秀吉によって1590年に移封されて江戸に入り，江戸城が再建されます。家康が移った直後は，城は荒れ果て周囲の人家もわずかでした。城の前，現在の東京駅方向，日比谷や銀座方面や，東側は海でした。その後，埋め立てによって城下町江戸がつくられていきました。

2　「火事と喧嘩は江戸の華」（5分）

　江戸幕府が開かれて，諸大名が江戸に屋敷を置き，さらに各地から集まった町人も増えて18世紀初めには武士と町人を合わせて人口100万の大都市になります。しかし，火事の多い町で，1657年明暦の大火は江戸城本丸を焼失し，以後江戸城は本丸を持ちません。各地から集まった人々との間では喧嘩が多く，「火事と喧嘩は江戸の華」というようになりますが，本来は「火事と喧嘩は江戸の恥」といわれたことを言い換えたのだといわれています。

3　「宵越しの銭」を持たないのが合理的？（10分）

　長屋といわれる，現代風にいえば，風呂なし・共同トイレ・共同炊事場の１Ｋ（キッチン付き一間）の部屋に暮らすのが大多数の庶民です。頻繁に火事が起こる町に住むため，火事のときには，家族全員で何より素早く全財産を風呂敷にすべて包んで逃げださなければなりません。立派な家具などは運び出せず，燃えてしまうだけです。ですから最初から買いもせず，日払いの給料はその日に必要なもので使う方が合理的ともいえたのです。

歴史的分野　江戸時代

19 夏の怪談は千両役者の夏休みから生まれた⁉

■ 小ネタの要点

　内　　容　江戸時代の娯楽といえば歌舞伎です。16世紀末の出雲阿国の阿国歌舞伎を源流に，女歌舞伎や若衆歌舞伎が行われるようになりますが，幕府に禁じられた結果，現在のような男性のみの野郎歌舞伎となりました。元禄時代ごろには演劇として発達し，荒事の初代市川團十郎や和事の初代坂田藤十郎，女形の芳沢あやめら人気歌舞伎役者も登場するようになります。18世紀以降には屋根付きで花道のある現在のような芝居小屋がつくられていたといいます。江戸中期以降，人気役者は浮世絵に描かれ，年収数百両，中には千両役者といって千両を超す役者もあったようです。芝居小屋では，常設で幕府公認の江戸三座（中村座・市村座・森田座）が作られています。江戸城大奥年寄絵島が歌舞伎役者生島と付き合ったことなどを理由に処罰された絵島生島事件のように上流階級の人々から庶民まで幅広く親しまれる娯楽に成長していました。暑い夏には，千両役者といわれるような人気役者は地方に出かけ，江戸の芝居小屋はお客さんの入りも悪くなります。そこで，若手役者が仕掛けを使うアクロバティックな動きを取り入れ，お盆に地獄極楽の説教もあった時期に，怪談を始めるようになったといいます。そこから今の，「夏は怪談」が定番になったのです。

　ポイント　歌舞伎を見たことがない生徒も多いと思います。四谷怪談，番町皿屋敷など，演目のストーリーを示すと話として知っていることが多いようです。現代のテレビドラマや映画に出演する俳優さんの話とつなげて伝えてみましょう。また，できれば，短く切り取ったものでよいので映像で見せるとよいでしょう（NHK for School 社会小学6年「歌舞伎と人形浄瑠璃」が2分余で手軽です）。

■ 授業での使い方

　化政文化の導入時，芝居見物が庶民の娯楽として発展し，今日まで続いてきたことなどを芝居小屋や浮世絵の役者絵の画像を用いて，映像も含め20分で示し，興味を喚起します。落語の「お菊の皿」もストーリーの参考にしてみてください。

1　歌舞伎の始まり（5分）

　「男性のモテる役の俳優を何ていうか？」「イケメン」「かつては二枚目って言っていました」「一枚目じゃないの」……歌舞伎では看板の二枚目に恋愛でモテる役の役者の名が書かれていたからです。「かぶき」という言葉も「かたむく」こと「かぶく」からの言葉です。常識はずれや，派手な風変りな行動をする者を，江戸の初めごろにはかぶき者と呼んでいました。歌舞伎が演劇の新しい時代の新しい芸能であったことを示しています。

2　千両役者の登場（5分）

　江戸時代中期，享保の改革が始まるころには，歌舞伎は江戸城大奥の偉い女性から一般庶民まで幅広い人気を得て，江戸には今の歌舞伎座のような常設の芝居小屋が3つもつくられました。2代目市川團十郎は，年収千両を超える「千両役者」であったといいます。江戸時代の人気歌舞伎役者は数百両の年収があったのです。現在の人気俳優さんが高額の出演料をもらうのと同じです。

3　夏は怪談で涼もう（10分）

　殺されたお菊が井戸から現れ，皿を数えると一枚足りない……番町皿屋敷。お化け屋敷がつくられ，怪談話で涼むのが日本の夏の風物詩？　なぜ夏に怪談？　江戸時代ですから劇場＝芝居小屋にはエアコンはありません。夏は芝居小屋の客が減ってしまいます。しかも，「千両役者」たち人気役者は，涼しい地方などに巡業に出たり休んだりします。そこで考えられたのが，若手役者が大仕掛けの舞台装置で見せる怪談でした。ここから，夏は怪談が定番となっていきました。

歴史的分野　明治時代

20
新しい時代には土葬か火葬か!?

■ 小ネタの要点

　内　　容　明治時代の近代化は，欧米列強に並び追いつくことを目標にしており，文化も欧米の文化を取り入れることが最優先でした。芸術や生活が洋風化され，『安愚楽鍋』の挿絵では，散切り頭，牛鍋，洋服などの生活様式が見られます。音楽も五線譜を用いる西洋音楽，絵画は西洋絵画がもてはやされました。幕府御用絵師だった狩野芳崖でさえ生活苦に陥ります（晩年フェノロサにより再評価）。天皇の足元では，宮中改革が行われ，天皇の服装はそれまでの和装から洋服に変わり，晩さん会などの公式行事の食事は西洋料理とされました。さらに明治時代初め，葬儀について論争が起こります。江戸時代の農村では土葬が一般的で，江戸など三都の大都市では墓地不足から火葬が広がっていました。司法省が，排煙・悪臭に抗議して都内の火葬場の移転を求めたことから，1873年火葬禁止令が出されました。忠孝を重視する儒学者や国学者はこれを歓迎しました。従来から親を死後に灰にする火葬に反対だったからです。また，太政官正院では火葬を残酷で野蛮な悪習としました。しかし，大蔵省・内務省は土葬での墓地の拡大が都市計画の妨げとなり，悪臭は健康被害をもたらすとして東京朱引内（旧江戸城下中心部）の埋葬を禁止します。埋葬禁止は，家族の墓が離れ離れになることにもなり，寺院にとっては経済的な打撃になります。そこで火葬派は，火を清いもの，火葬であればどこで亡くなっても故郷の墓に入れる，土葬こそ大切な親を土に埋めて「漬物」のようにし，蜥蜴責めにあわせる不孝な行為だと主張しました。そうして1875年火葬禁止令の廃止とともに，衛生上の理由により土葬禁止となりました。

　ポイント　核家族化が進んでから，子どもが「死」に直面し，葬儀に参加

する経験が少なくなっています。土葬については未知のことが多いでしょう。海外刑事ドラマなどで，死因を再調査するために棺を掘り起こす場面があります。丁寧な説明が必要になります。

■ 授業での使い方

　文明開化の学習の中で，近代化が，富国強兵と結びつき，欧米文化を取り入れることになっていることに注意し，さまざまな生活場面での変化を考えるように，20分で伝えてみましょう。

1　文明開化は日本文化より欧米文化第一⁉（10分）

　「欧米の文化と日本の文化では，どちらが進んでいますか？」「欧米！」「日本でしょ」……「文化は進むとか遅れるとかはありません。科学技術や工業技術では近代とそれ以前の違いはあります」日本画が西洋画に劣るとか，和服が洋服に劣るなどという優劣はありません。明治維新では，日本政府は欧米列強に対抗するために欧米の制度や文化を熱心に取り入れていきました。西洋画に押されて日本画が売れなくなって，幕府御用絵師狩野芳崖はその日の生活にも困るほど追い詰められます。

2　日本の元首天皇の身の周りも洋風化⁉（5分）

　明治維新後，宮中改革も進められ，天皇の正装を洋服に改め，公式行事での食事は西洋料理とされました。一般の人々の間に姿を見せない天皇が，イギリスの王室のように，さまざまな行事などで姿を見せるようになります。さらに「御真影」として写真までつくられ，配られるようになります。

3　死者を葬るのは土葬か火葬か？（5分）

　死者の入った棺をそのまま土に埋める土葬と，死者の遺体を燃やして遺骨として埋める火葬と，いずれにするかで明治初期に論争になりました。土葬派は，大切な親兄弟を燃やすなど野蛮・不孝と非難，火葬派は，火葬ならどこで亡くなっても故郷の墓に戻せ，大切な親兄弟を泥や土に埋めて蜥蜴で苦しめることこそ不孝と主張しました。結局，1875年，衛生上の理由で土葬を禁止し，火葬としました。

歴史的分野　明治時代

21
戦争に勝利することが文明のあかし!?

■ 小ネタの要点

　内　　容　殖産興業による富国強兵を進め，1894年日清戦争の勝利，北清事変を経て1904年日露戦争で勝利して，強国日本へと階段を駆け上がっていくと，欧米からは脅威の目で見られ始めます。江戸時代に「鎖国」して，特定の国と特定の場所や方法でしか交流を持たなかった日本は，その間の欧米列強の植民地獲得競争と無縁でした。というより，植民地化の危機を迎えていました。しかし一方では，国際的紛争に巻き込まれず戦争のない平和な状態だったといえます。開国とともに，欧米に負けないよう植民地を持つ側への道を歩むわけですが，わずか30年ほどで欧米に認められる「一等国」となりましたが，それは戦争の勝利と，その後の植民地獲得によるものといえます。そうした"大国"となっていく日本に対し，幸徳秋水や安部磯雄らは，軍備拡張や他国の侵略による「大国化」に反対します。スイスやデンマークを理想とする"小国"を求め，国民の貧しさの上に築かれる大国より，教育や福祉の充実による小国としての発展を考える人々がいたのです。世間では，日清戦争は，日本の世界文明国への入学試験，日露戦争はその卒業試験だと思われていました〈茅原華山『万朝報』〉。政府は，その後も軍拡に進みます。

　ポイント　日露戦争への反戦論として幸徳秋水ら社会主義者，非戦論としての与謝野晶子は小学校でも学びます。日露戦争の旅順での日本兵の突撃戦では，ロシア兵に日本の兵士は，食べると何も恐れなくなる精神を狂わすお菓子を持っていると噂されたといいます。ここでは，軍備を整えて他国を侵略・支配する国を"強国""一等国""文明国"とする価値観へ目を向けるようにしましょう。平和こそ尊いものであることを，大国化が軍国化へと進んでいくことと，それに抗しようとする人々の存在とともに伝えます。

■ 授業での使い方

　明治時代，日露戦争後の世界，帝国主義の日本を説明する際，反戦・非戦論とともに，「平和」と「戦争」を文明とともにとらえる試みに20分で展開します。

1　"野蛮な国"日本の転換（5分）

　「外国が不平等条約の改正に応じないのはなぜですか？」「ちょんまげとか切腹とか変わってるから」「馬鹿にされてるから」……1868年堺事件では，住民の苦情を受けた土佐藩兵が酔っぱらって暴れるフランス水兵にやむなく発砲し，銃撃戦の結果11名を殺害。フランス側の要求に屈して11名が切腹。抗議の切腹の凄惨さは外国人からは野蛮に見られました。条約改正には，日本が"欧米並み"の文明国となることが条件と考えられました。

2　文明と野蛮とは何か〜岡倉天心が示したもの〜（10分）

　文化の違いと"文明国"が野蛮な戦争をすることへの問題を，岡倉天心が『茶の本』などで次のように示しています。「西洋人は日本が平和でおだやかな技芸に耽っていたとき，野蛮国とみなしていたものである。だが，日本が満州の戦場で大殺戮を犯しはじめて以来，文明国と呼んでいる。……もしもわが国が文明国となるために，身の毛もよだつ戦争の栄光に拠らなければならないとしたら，われわれは喜んで野蛮人でいよう。……」日露戦争での日本海海戦で敵兵を可能な限り救助し称賛された日本軍は，一等国入り，条約改正の目的が達成されてのちの日中戦争などで，捕虜虐待など国際法違反をしていきます。

3　平和を求める（5分）

　列強となること求める政府や軍部に異議を唱える人々もいました。早稲田大学の安部磯雄はスイスを理想とする小国（小日本）主義，『東洋経済新報』の石橋湛山は植民地放棄が他国の侵略危機回避となる経済優先政策による小国主義を唱え，イェール大学教授朝河貫一は日本国民に求められるものを一等国の驕慢ではなく，反省ある愛国心と主張しています。

歴史的分野 大正時代

22
米騒動が生み出した普通選挙!?

■ 小ネタの要点

　内　容　大正時代は，都市への人口集中が進み，農村の労働力が都市に流出し始めました。都市を中心に米の消費量が増大していく一方で農村の生産力は停滞していました。そうした中，1918年，シベリア出兵を見込んだ米の買い占めから米価が1～2年で3倍近くに上昇しました。最初は富山県の漁村の漁師の妻たちによる騒ぎが新聞に「富山の女一揆」と報じられたことから青森・秋田・岩手・栃木・沖縄以外の全国に広がっていきました。騒動の発端になった富山県西水橋町は漁村で，不漁時には漁民は出稼ぎに出て，残された妻たちが賃仕事（アルバイト）で生計を立てる町でした。米価の上昇は生活を直撃していたのです。地方の片隅での事件も全国紙が普及し始めていたため，すぐに全国的に広がったのです。結果，政府側が譲歩せざるを得ない状況となって，寺内正毅内閣が総辞職に追い込まれました。非立憲と風貌から「ビリケン」と言われた寺内のあとは，陸軍大臣・海軍大臣と外務大臣以外を政党員で構成する，原敬による本格的政党内閣が成立しました。米騒動は軍隊の力も用いて鎮められましたが，民衆が政治的要求を掲げて行動を起こしたことから，政治意識の高まりが背景に見えてきます。大正デモクラシーの象徴ともいえます。そしてこの経験から，民衆の政治的要求に無産政党や社会主義者などが加わる政治体制への影響を考えると，不満を選挙で吸収する方が得策とみて1925年の普通選挙法成立へと向かいます。

　ポイント　近代工業の発展と都市への労働力の集中，農村の生産力低下，シベリア出兵と米価の高騰，米騒動と民衆の政治意識，暴動などによる政治体制の転換より普通選挙，のような出来事のつながりが理解できていない生徒が多いので，出来事の連鎖を中心に伝えます。

■ 授業での使い方

　第一次世界大戦からシベリア出兵，米価高騰と米騒動，護憲運動と普通選挙法へとの流れを，普通選挙法と治安維持法の成立で復習し，25分でまとめましょう。

1　米騒動は一揆⁉（5分）
　「江戸時代の農民の一揆と米騒動の違いは何か？」「同じでしょう」「でも一揆は村とかの単位かな」「一揆は全国ではない」……「米騒動は米を盗む暴動ですか？」「暴れるどさくさで米を勝手に持ち去るんだから泥棒でしょう」……実は米を盗むのではなく，廉売要求が米騒動。前年の米価を適正価格とする要求で，不正に儲ける商人に徳義を求めるモラル・エコノミーの行動と考えられます。また，民衆の直接行動で政権を交代させた事件ともいえます。

2　本格政党内閣から護憲三派内閣（10分）
　寺内正毅内閣が米騒動で総辞職した後，本格的政党内閣として原敬内閣が成立。1919年選挙法改正では，納税資格3円の小選挙区制となりました。
　しかし，政治改革には消極的で普通選挙法を拒否しています。原が1921年東京駅で暗殺されると，就任1年前後で交代する高橋是清・加藤友三郎・山本権兵衛と短命な内閣が続きます。この間，ワシントン会議やシベリアからの撤兵，関東大震災，虎ノ門事件などがあります。1924年外相・陸海相以外を貴族院議員とする超然内閣の清浦圭吾内閣となっています。

3　普通選挙法，そして憲政の常道へ（10分）
　普通選挙法は1911年初めて衆議院を通過，貴族院が否決。1924年，普通選挙法を求める第2次護憲運動では憲政会加藤高明，政友会高橋是清，革新倶楽部犬養毅の護憲三派内閣が総選挙で勝利し，加藤高明内閣が成立。1932年犬養毅首相暗殺まで，衆議院多数派が内閣を組織する「憲政の常道」が行われました。米騒動後には労働争議・小作争議は増えましたが暴力的な民衆運動はなくなりました。男性は選挙権によって意思表示することが可能になりました。

歴史的分野　昭和時代

23
盧溝橋事件は解決していたのに日中戦争突入⁉

■ 小ネタの要点

内　容　中国では，1930年以降，国民党と共産党が内戦を繰り広げていました。1936年，東北軍閥張学良（張作霖の子）に共産党との戦闘を要求するため西安に来た国民党蔣介石を，張学良が捕えて内戦停止を求めた西安事件が起こります。翌1937年3月，内戦停止による抗日民族統一戦線が結成されます。その後，7月7日，北京郊外盧溝橋付近で日本陸軍の演習が行われ，その終わりに実弾発射音が聞こえ，直後の全軍点呼の際に1名の行方不明者がありました。兵士は戻りますが，報告が遅れました。中国軍への捜査要求が拒否されて翌8日に攻撃が開始されました。報告を受けた近衛文麿内閣は不拡大方針でしたが，陸軍内では不拡大派と拡大派の対立があって拡大派が勝利します。そのため，10日には関東軍2個師団や朝鮮軍1個師団，日本内地から3個師団の派遣が決まり，11日には近衛内閣が事件の責任をすべて中国とする声明を発表。28日，日本軍の総攻撃が始まり日中戦争へと突入し，月末には軍事衝突は一応収まります。しかし，8月第2次上海事変から南京空爆など全面戦争に発展していきました。やがて，1938年1月，「国民政府を対手とせず」との第1次近衛声明へと続いていき，泥沼の日中戦争となりました。実際は，盧溝橋事件直後7月11日に現地では休戦協定が成立していました。情報伝達と政府と軍部との意思が統一されず戦争へと進みました。

ポイント　1931年柳条湖事件から満州事変，1937年盧溝橋事件から日中戦争，のように生徒は機械的知識として覚えがちです。いくつもの選択肢から選び取られた結果として戦争が始められたこと（歴史的事象が存在すること）や，判断のもとにする十分な情報量と情報の正確性が重要なことを伝えるようにします。

■ 授業での使い方

　日中戦争の開始を説明する際，導入として25分で伝えます。戦争は努力によっては回避が可能で，正確な情報が判断に影響を与えることを伝えます。

1　日中戦争は誤解から始まった!?（5分）

　「治安の悪い場所で集合時刻に遅れた人がいたら何を心配しますか」「迷子？」「事件に巻き込まれた？」……1937年7月7日，北京郊外の石橋・盧溝橋付近での日本軍の軍事演習で，実弾発射音が聞こえた後，兵士1名が不在となりました。これを中国軍の発砲とする日本軍が攻撃して戦闘となりました。しかし，今もこの実弾発射音が何であったのか判明していません。

2　現地では休戦で解決済みなのに……（15分）

　4日後の7月11日には現地では休戦が成立しました。中国軍から日本軍へ遺憾の意が表明されて撤退が行われています。ところが，東京では近衛文麿内閣が不拡大方針を決めながら，陸軍内で不拡大派と，「中国は一撃を加えれば降伏する」という拡大派が対立して，拡大派が勝利すると近衛内閣はこれに追随，中国への増援師団の派遣を承認しています。7月28日，日本軍は総攻撃を始め，7月末には中国北部での戦闘行為は終わり，これを北支事変といいました。ところが，8月に入り，上海で日本兵が殺害される上海事変が発生，戦闘が再開され南京への空爆や上海派遣軍編成など戦線が華中（中国中部）に拡大し全面戦争へと発展しました。

3　日本軍と戦争の始まり（5分）

　日清戦争では豊島沖海戦，日露戦争では旅順港外のロシア艦隊攻撃，日本軍は現地での戦闘行為のあとに宣戦布告して戦争を始めています。また，日露戦争では開戦前にロシア皇帝の，朝鮮や満州における日本側の利益を承認する日本側が妥協可能な内容の協商案が，駐日公使に届かず開戦に至ったという説があります。なお，弾丸発射には，日本軍陰謀説，中国共産党挑発説，中国軍誤認発砲説があり，このときの責任者牟田口中将が，のち1944年インパール作戦はその責任を感じて強行したと伝えます。

24

ストライク！と叫ぶと非国民⁉

■ 小ネタの要点

　内　容　満州事変以降，日中戦争の幕引きができず，戦時体制が強化されていきます。1937年戦争遂行のため挙国一致・尽忠報国・堅忍持久をスローガンにした政府主導の国民精神総動員運動が始まり，1940年9月，隣組（隣保班）が制度化されます。政友会・民政党の二大政党などが解党して，翼賛議員同盟を結成，下部組織に各種国民組織を置いて上意下達の国民総動員体制を構築するのです。そうして1945年の敗戦まで，国民生活が次々に制限されていきます。1939年10月価格統制令で値上げ禁止，公定価格が定められ，その結果，闇物資を闇取引により闇価格で売買することになります。1940年7月7日七・七禁令が出され，ぜいたく品の製造・販売が禁止され，1個10銭以上の寿司，20銭以上の天ぷらは禁止されて「ぜいたくは敵だ」と言われるようになります。1940年11月砂糖・マッチ切符制の全国実施，国民服の制定，12月内閣情報局の設置による言論・出版の統制。1941年4月生活必需物資統制令公布，6大都市で米穀配給通帳制（11月全国へ）で成人1日2.3合（330g→1945年2.1合），8月金属類回収令公布，1942年1月食塩通帳配給制実施，2月味噌・醤油切符制実施，衣料点数切符制実施，5月寺院仏具・梵鐘等強制供出……学校のストーブ，各地の銅像も供出，1942年，大日本国防婦人会などが大日本婦人会に統合され，20歳以上の女性が強制加入となり，貯蓄増強・廃品回収・防空訓練に動員されました。

　ポイント　生徒には，公定価格や闇取引など知識のない用語が多く，生活環境も現在とは大きくかけ離れていますから，丁寧な説明が必要になります。当時の映像や画像史料などを使用して視覚的な材料を準備して伝えるとよいでしょう。

■ 授業での使い方

　戦時下の生活を戦争の終末期とともに，20分で学びます。8月15日は日本では「終戦」とされますが，第二次世界大戦の終わりは国際的には降伏文書調印の9月2日が終戦の日であることもあわせて学びます

1　戦時下の統制（5分）

　「15年近く戦争状態が続くということは子どもにとって何を意味するでしょう」「長い」「学校が休みになる」……小学生だった子どもも成長して徴兵で兵士となって戦場に行くことになります。満州事変以降，日中戦争から太平洋戦争と戦争の拡大，長期化は，資源の乏しい日本にとってはますます満州など植民地支配を拡大せざるを得ない状況となる悪循環でした。結果的に国民生活への負担が大きくなっていきます。

2　窮乏する国民（10分）

　欧米からの輸入停止と戦況の悪化で，南方からの輸送が困難になると日常の耐乏生活が進みます。1939年，価格統制令から公定価格が設定されると，物資の闇取引が行われ，戦争末期には砂糖1kg1円を200円を超える闇価格で取引しました。悪化する戦況の中，苦しい国民生活でも大日本婦人会などでは戦争の勝利を信じ，敵性語として英語など欧米文化を敵視し，それらを禁じました。ですから，英語の言い換えが行われました。野球ではストライクやセーフは「よし」，ピアノは「洋琴」，地名のシンガポールは「昭南島」とされました。欧米の文化に親しむと敵のスパイと疑われ，「非国民」として排斥されました。

3　誰が取り締まったのか（5分）

　実は，英語を敵性語とし，「非国民」として排斥をしていたのは政府や軍部ではなく，同じ国民なのです。軍部では日常的に英語を使用していたのです。例えば，大本営発表はラジオで「ニュース」として発表され続けました。

　窮乏する生活の中で，隣組や大日本婦人会などにより国民は互いに監視し合うようになっていたのです。

歴史的分野　現代の日本

25
バブルはじけて1000兆円が消えた!?

■ 小ネタの要点

　内　　容　1985年先進5か国中央銀行・蔵相会議でのプラザ合意で，実質的な円高・ドル安への流れがバブル景気の契機となりました。土地や株という，決まった価格（定価）のないものの価格が急上昇し，高級な高価格品ほど売れる状況となったのです。都市部の住宅など土地が買い集められて再開発事業として巨大な商業ビルが建設されるなどしました。副産物として，土地を無理やり買い上げるために暴力行為も辞さない「地上げ屋」と呼ばれる人々も現れました。しかし，やがて株や資産による利益を得ようと売り出す人々の方が，買い取ってさらに資産を増やそうとする人々を上回ると，つまり1991年，供給過剰と需要の急減が訪れてバブル崩壊となりました。その結果，家計と企業であわせて1000兆円を超えるといわれる損失が発生しました（三菱UFJリサーチコンサルティング調べ）。都市銀行（現在のメガバンクを含む）など多くの金融機関が不良債権を抱えて経営が悪化しました。日経平均株価では1989年末3万8000円を超えたものが，1990年に2万円を下回るなど40％が，時価総額では600兆円超から270兆円を割り込むまで下がり，300兆円以上が失われたことになりました。そのほか，値上がりを期待して借入金で買った土地の価格が暴落して返済不能となるところが都市部を中心に各地に発生，大手建設会社（ゼネコン）が予定の代金を得られず経営が悪化し，そのために非正規雇用労働者の増加など多くに影響が出ました。

　ポイント　生徒にとって，経済用語は未知のものです。土地や株の価格が"時価"で需要（買い手）と供給（売り手）で決められることや，投機や資産として，土地・株が使われることなどを一つひとつ簡単に説明し，次の公民の学習につながることを意識させましょう。

■ 授業での使い方

　現代日本の経済を扱う項目で，次の公民学習へつながるように，20分で展開していきます。

1　土地や株の価格上昇で豊かな生活（10分）

　「あなたの家の定価を教えてください」「知らない」「売ってない」「近所の家が●●万円だった」……実は家や土地に定価はありません。売りたい人と買いたい人で決めることになります。ですから，どうしても欲しい場所や，欲しいのになかなか売ってもらえない場合に価格は上昇します。1985年プラザ合意という日米など先進5か国の会議で，円高でもかまわないという状況になると，それまで高価な輸入品が日本円で比較的安く買えるようになります。収入が増えて，高額商品が買えることになると，資産として額の大きな土地や株へお金を使う（投資）人が増え，そういう人が増えるとさらに高額のそれらを手に入れようと価格が上昇し，高額なものが売れて収入が増えるという循環が生まれます。

2　いつかは終わるバブルの夢（5分）

　土地や株などの価格は定価がない，その上昇分は実体がない泡のようなもので，買うのをやめ始めると泡がはじけるように価格が急降下します。それがバブル崩壊です。第二次世界大戦後の日本経済の好景気は，神武景気，岩戸景気，オリンピック景気，列島改造ブーム後の1973年石油危機以降バブルまで間が空いていました。しかし，過去の好景気が示すように，いつかは終わりが来ます。

3　その後の日本経済（5分）

　実体のないバブル経済が実体経済に大打撃を与えて，経済が低迷した時期を「失われた20年」と呼びます。その後，2002年から2007年はいざなみ景気となって戦後最長となり，リーマンショックをはさんで2012年からの2019年の景気回復・経済成長は戦後最長期間を更新しています。バブル崩壊の傷跡の一つが，ビルの谷間にある建設中止跡の都市部のコインパーキングです。

第3章
公民授業の小ネタ17

公民的分野　私たちの生きる現代社会

01
世界では７億人以上が１日200円以下で生活している⁉

■ **小ネタの要点**

　内　　容　「貧困」には基準があります。世界銀行のHPなどを基に，難しい条件はおいて，中学生が理解しやすい簡略な形で示すと，「国際貧困ライン」は１日1.9ドル未満で生活する人々をいっています（絶対的貧困）。日本円ではおよそ１日200円以下で暮らす人々のことです。そうすると2015年時点で７億3600万人〈Regional aggregation using 2011ppp and \$1.9/day poverty line〉も貧困に陥っている人がいることになります。多くはアフリカ，中南米，東南アジアなどの発展途上国とされる地域に住む人々です。

　日本では，社会保障制度により一定以下の収入の人には生活保護費が支給されていますから，１日200円以下はあってはならないことです。しかし，相対的貧困といって，これも可処分所得に関して規定がありますが，わかりやくすると，およそ年収平均の半額以下で暮らさなければならない人々が日本でも，2015年で15.6％います。国際NGOオックスファムによれば，１年間に世界で生み出される富の82％は，世界で最も豊かな上位１％が独占しているといいます。また，2017年上位１％が株価上昇で得た金額（84兆円）は，絶対的貧困をなくすのに必要な額の７倍だといわれます。富の偏在が問題となっているのです。

　ポイント　日本で暮らす生徒たちは，家族数人を養う大人の１日の収入が200円〜700円程度のケニアのスラムの暮らしなど，「貧困」は遠い存在と感じます。日本のアルバイトの時給にも満たないのです。数値を示すことで「貧困」について具体的に理解できるように導きましょう。ただし，実際に該当者が存在する可能性がありますから，あくまで，一般論としての姿勢で伝えていきます。あるいは，日本の部分はカットします。

■ 授業での使い方

　現代社会を考える4時間の最初の時間に，授業の導入として25分ほどで話します。貧富の差，格差社会について具体的な事柄として話題にすることで今後の学習に実感を持って取り組めるようします。

1　現代社会への関心を持つ（5分）

　「貧乏ってどんなこと」「お金がない」「どれぐらい」「日本の貧乏とアフリカの貧乏は同じ？」「国によって違うのかも」「金持ってどのくらいお金持ってるの」「貧しい国でも金持ちは金持ちなの」などの応答を重ねていきましょう。そこで，貧しさに基準を設けていることや，金持ちといわれる人たち（IT企業の創業者など）を具体的に示すなどして興味を持たせるようにしましょう。

2　格差社会が生まれるのはなぜか（10分）

　絶対的貧困について説明し，その人数の多さをについて感想を聞いてみましょう。資源・開発技術や工業化の複雑な問題は地理分野や歴史分野での学習を想起させることで十分です。ここでは，教育に視点をおいてみましょう。貧しいから学校に行かず，子どもも働いてお金を稼がなくてはなりません。貧困によって十分な教育が受けられず，そのため給与の高い安定した職業に就くことができない，いわゆる「貧困が貧困を生む」状況となっていくことを理解させましょう。また，病気やけがで職を失うなど，本人の努力とは別の要因で，誰にでも発生することも補足していけるとよいでしょう。

3　問題解決の道を探る（10分）

　今後の授業で，税制や社会保障などの項目で，格差の縮小対策を学ぶことを予告しておきます。また。時間的余裕があれば，こども食堂などの話題も盛り込みましょう。お客さんが50分厨房の手伝いをすると「ただめし券」が発行され，それを自分以外の見知らぬ誰かに利用してもらえる東京の「未来食堂」（HP参照）のことなども話題にするとよいでしょう。他者のために，自分は何ができるのかを考えるきっかけづくりにします。そこから，将来の職業についての意識づけもできれば社会への関心も深まっていきます。

公民的分野　現代社会における文化

02 おどかす前にあいさつして訪問する秋田のナマハゲ!?

■ 小ネタの要点

　内　　容　秋田県男鹿半島の国の重要無形文化財とされる「ナマハゲ」は，神の使い「ナマハゲ」が大みそかの夜に，悪いことを戒め，翌年の豊作や吉事をもたらすというものです〈男鹿市HP〉。あらかじめ選ばれた未婚の若者が集落内の家々を廻り，室内に上がり込み，酒食の供応を受けていく行事です。鬼の面をつけ，ワラの扮装ナマハゲで身を包み，包丁（偽物）を持ち，「悪い子はいないか」などを当地の方言で子どもを戒めるのが有名です。こうした大みそかや正月，小正月など年の節目に異界からやって来る神や神の使い（「まれびと」といわれる）とされる来訪神を，人々が供応する行事の一つが「ナマハゲ」です。同系統の行事は，沖縄県宮古島のパーントゥなど日本各地にあり，ユネスコの無形文化遺産に登録されています。ところが，こうした伝統行事を行う地域は，過疎と少子高齢社会の進行により，集落内のナマハゲ役の青年が少なく，また，ナマハゲが脅かす子どもも少なくなっています。世代から世代に受け継がれていく農山漁村の伝統行事は，そもそも農業，林業・漁業の従事者が減少していることと，機械化が進むなど行事を行う環境が変化してしまいました。さらに，行事内で使用される扮装や言葉などが現代では暴力的，差別的に受け取られることもあります。伝統文化が，社会背景の違いで消えていくかもしれません。

　ポイント　家庭で行われる伝統行事から考えるとわかりやすくなります。七夕行事（地理的分野 p.44参照）では，七夕飾りを川に流すことに意味がありましたが，環境を考える現代社会では流すことをしないのが普通になりました。環境問題や人権問題への視点や基準が過去と現在では異なることを明らかにしていけるようにしましょう。

■ 授業での使い方

　伝統文化を考える授業での導入として，所在地の伝統行事と離れた地域の伝統行事について映像を用いて，地理的歴史的背景を持つ現代社会を示す例として30分で展開します。

1　地域の伝統行事（映像含み15分）

　「昔からの行事でみんなの家でも続けているものはありますか」「大みそかに年越しそばを食べる」「節分の豆まき」「ひな祭り」……「そばアレルギーの人はそばが食べられない」「豆まきの豆は捨てるの？」「年一度の祭りのため人形はどこにしまうの？」……伝統行事の映像を見て，昔はよかったけれど今だと問題になりそうなものを見つけてみましょう。

2　消えてしまうのか!?「ナマハゲ」（10分）

　「まれびと」といわれる来訪神の一つ「ナマハゲ」は，秋田県男鹿半島で大みそかに鬼の面をつけて包丁を持ち，家々を廻って幼児が悪いことをしないように脅かします。しかし，過疎と少子高齢社会では，「ナマハゲ」になる青年も，脅かされる子どもも減少した上，「ナマハゲ」がいきなり家に上がり込んでくると困る家庭や事情があって断る家庭もあることから，事前に訪問家庭が決められます。そうなると，訪問予定の家庭では掃除はもちろん，供応の酒食の支度をしなければなりません。こうした状況から益々行うことが難しくなり，自治体でも存続への取り組みとして，実施の中心になる町会への交付金などを出しましたが，取りやめるところが多くなっています。

3　現代社会からの視点では……（5分）

　鬼の扮装で，包丁という武器を持ち，乱暴な言葉で幼児を脅かして，無料で飲酒や食事をしていく情景は，行事でなければ，脅迫や幼児虐待，無銭飲食か強盗のようです。行事であっても，幼児にはそれが"本物"か"疑似的"なものかの区別ができません。また，訪問される家庭も上がり込む前に挨拶がないと戸惑うことになります。文化の継承も，社会の置かれている環境の違いでは難しいのです。

公民的分野　現代社会を捉える枠組み

03
殺人を禁止するルールはない!?

■ 小ネタの要点

　内　　容　かつて殺人事件を起こした際に、「殺してみたかった」と、殺人の理由を述べた高校生や大学生がいました（佐世保高校生殺人事件・名古屋大学女子学生殺人事件）。小学校でも学んできたように、現代社会では人間が幸福を求めて生きる権利はもっとも基本的な人権の一つです。互いの人権を尊重して生きる社会では、他人を傷つける行為は犯罪とされています。学校では、他人のものを盗んだり、壊したりしてはいけないことや、他人を傷つける行為が禁止されていることを、道徳やホームルームなどで学習する機会があります。ところが、殺人について禁止だということを明確にすることはありません。どの教科書にも殺人が禁止されていることは書かれていません。それどころか、法律にも殺人を禁止することは書かれていないのです。法律では、殺人をした場合の罰則を定めています。本来、人が生きていく中で社会を築き、社会を守るために法律がつくられてきたのです。ですから、法律も社会とともに変更され、更新されてきました。殺人のような人が人を傷つける行為は、そうしたいという欲求がないのが当然だったのです。当然のことはわざわざ法律で定めたりしません。殺人を禁止する理由は考える必要のないことだったのです。逆に殺人を禁止する理由があれば、その理由がないと殺人が許されてしまいます。例えば、自分が死ぬのがいやだから殺人がいけないとすれば、自殺したい、死ぬのが嫌でない人は殺人が許されてしまいます。もともと人間は人間を殺したり、傷つけることを嫌悪するようになっていたはずです。宮台真司『14歳からの社会学』を参考にしています。

　ポイント　殺人を例示することを真剣に受け止める教室環境のあるときに実施します。殺人よりいじめの方が身近になるので、真剣に向き合うように

いじめ問題から入っていくことが有効な場合があります。生徒の様子を十分観察して進めます。

■ 授業での使い方

　現代社会の課題の一つに，学校でのいじめ問題などがあります。それらは，人間が社会を構築し，その社会が変化してきたことで発生する課題だということを30分ほど十分に時間を使って行います。

1　なぜ殺人はいけないのか（15分）

　「いじめはなぜいけないのか」「いじめられたら嫌だから」「いじめられていた人がいじめるのはいいの？」……「殺人はなぜいけないのか」「自分が殺されたくないから」「痛いから」「殺されてもいいと思う人は，痛くてもいい人は許される？」……生徒の理由に対し，その理由をはずしていきます。十分に意見を出させましょう。意見がほぼ出たところで，そもそも教科書にも法律にも殺人は禁止されていないことを伝えます。

2　喜び悲しみに共感する（5分）

　生徒に，最近，自分以外のことで感動したことなどを聞いてみましょう。オリンピックや映画，音楽など，友人や他人が喜びを爆発させるとき，それを観る側もともにうれしくなるでしょう。その逆に，卒業式などで悲しい場面には同じように悲しい思いをします。人は規則に定められていなくても，喜びや悲しみには共感できます。

3　現代社会の課題と青年（10分）

　平穏な社会では殺人は罪で，嫌悪するものですが，殺人が肯定される場合があります。戦争です。戦争では，より多くの敵兵を殺した者が英雄視されます。人間社会がその所属する社会を守るために殺人を罪とし，他の集団との闘いでは殺人を奨励します。社会から離れて，個人が孤立してしまうと，守る社会が自分自身になり，敵対する他の社会が自分以外になることもあります。若い人ほど「個」の尊重と，集団である社会とのバランスを欠いたり，自分と社会のつながりが見えにくい社会では理解が難しいのが課題なのです。

公民的分野　日本国憲法

04
最高法規と国際条約に矛盾がある!?

■ 小ネタの要点

　内　　容　憲法の学習では，小学校でも国民主権・基本的人権の尊重・平和主義の三原則を学びます。憲法前文のほか，それぞれ憲法の条文中にもその内容が定められています。平和主義には第9条があることは，これも小学校で学びます。交戦権の否定と戦力の不保持，武力の行使・威嚇の禁止が定められる第9条は，平和主義を単なる理想や目標ではなく，現実に実現するための具体的な定めになります。これに対して，1951年サンフランシスコ講和条約と同時に結ばれた日米安全保障条約では，戦力を持たない日本にアメリカ軍（米軍）を駐留させ，米軍が日本を守ることにしました。ところが，これは米軍が日本を守るのに日本は米軍を守る義務を負わない対等な関係とはいえない片務的条約といわれます。1960年に改定された日米安全保障条約（新日米安全保障条約）では，日本の領域での日米いずれかへの武力攻撃に対して日米が共同で対処することになっていて，これが集団的自衛権にあたります。集団的自衛権は，日本国憲法が定める武力行使が自国の防衛に限って許されるとされてきた自衛隊の存在や個別的自衛権とは異なります。つまり，日本が攻撃された場合，自国防衛のために戦うのとは別に，米軍が攻撃されたときにも日本が武力行使をすることになる可能性があります。そうなると，日本とは関係ないアメリカの争いにも日本が巻き込まれるかもしれません。

　ポイント　生徒は平和主義も日米安全保障条約も機械的に覚えていることが多く，問題点を理解していないことが多いものです。平和主義を保証する憲法の内容を学び，第9条の条文の意味を丁寧に読み込みます。そこから個別的自衛権と集団的自衛権のことや，自衛隊がなぜ容認されているのかも併せて学べる機会としていきます。

■ 授業での使い方

　日本国憲法の三原則，平和主義学習のまとめ，第９条と自衛隊の存在の学習をグループ調べ学習やディベートを行ったあとに20分でまとめていきましょう。

1　「平和主義」を守る（5分）

　「戦力不保持の憲法で自衛隊は許される？」「軍隊は持てないから憲法違反」「軍隊ではないらしい」「正当防衛みたいな感じのため」……どこの国でも平和を望んでいますが，実際には紛争や戦争が起こります。平和主義を掲げるだけでは，現実的ではありません。自衛隊は最小限度の防衛力として許されています。第９条では「陸海空軍その他の戦力」を持つことが禁止されていますから，名称も陸上や海上，航空の「自衛隊」です。

2　第９条と日米安全保障条約（10分）

　「親には日曜日は外に行かず勉強する約束をして，友達とは日曜日に一緒に遊びに行く約束をしてしまったら，日曜日にはどうしますか」「勉強してから遊びに行く」「親が怖いから勉強」……国内の最高法規である憲法と，外国との条約に矛盾が生じてしまっていた場合，どうすればいいのでしょうか。新日米安全保障条約は，日米同盟となっていますから，日米が守り合うことになります。日本の領域での日米いずれかへの攻撃に共同して守り合うのですから，日本国内に米軍基地がある以上，米軍基地やその活動への攻撃に，日本の自衛隊が米軍と共同して反撃することもあり得ることになります。

3　集団的自衛権を認める⁉（5分）

　政府は，憲法を変えずに解釈によって，自衛隊を戦力や武力ではなく最小限の防衛力として容認してきました。そして自衛隊の防衛の戦いを武力行使ではなく，国際的に認められている，自国を防衛する個別的自衛権として認めています。こうした憲法の内容を条文の解釈で変化させることを解釈改憲といいます。しかし，国民の意見によらずに政府が解釈で内容を変えることより，正式に国民投票を経て改憲すべきという意見があります。

公民的分野　民主政治と政治参加

05

ヒトラーは選挙で政権を手に入れた!?

■　小ネタの要点

　内　　容　歴史的分野で学んだナチス・ドイツの独裁者ヒトラーは，1889年オーストリア生まれ。18歳で美大受験に失敗，ミュンヘンに移住後，第一次世界大戦に一兵士として参加。戦後に弱小政党だったドイツ労働者党に入り，まもなく党名が国家社会主義ドイツ労働者党（ナチス）となり，その指導者になりました。第一次世界大戦後，ベルサイユ体制下のワイマール政府のドイツが経済的に困窮する中，1923年，ベルサイユ体制打破やユダヤ人の排斥などを掲げて軍事政権樹立をめざしたクーデターであるミュンヘン一揆を起こしました。この一揆は失敗して，投獄され，入獄中に『わが闘争』を執筆，ナチスのテキストとなります。1930年代世界恐慌の広まりの中でヒトラー率いるナチ党が1932年選挙で国会の第一党となり，翌年には大統領選挙でヒンデンブルク大統領には敗れながら２位の得票を得て首相となっています。そして国会での多数をもって全権委任法を成立させ，1934年ヒンデンブルク没後にはヒトラーは総統の地位に就き，ついにワイマール政府から総統による独裁国家へと進みました。

　ポイント　生徒にはヒトラーといえば，独裁者でユダヤ人虐殺のイメージが強いと思われます。独裁者になったり，ユダヤ人を排斥するなどのことが，選挙による政権獲得や国会による法の制定という，一見すると民主的な手続きのもとに行われていることを伝え，民主政治の課題へ目を向けるようにしましょう。

■　授業での使い方

　民主主義の課題として，選挙制度の正当性，選挙で与えられる政権の権力

の問題を考えられるよう，現行の選挙制度と政党政治の学習のまとめに20分で伝えてみます。

1　一揆に失敗し投獄されて方向転換!?（5分）

「ヒトラーはどうやって権力を手にいれたのでしょうか」「政治家を殺すとか怖がらせる」「テロ」……暴力で政権を得るなど軍事クーデターは今も時おり世界で発生し，紛争になるなどします。ヒトラーも最初は政権をめざしミュンヘン一揆というクーデターを行います。これに失敗，投獄されてから方向転換します。選挙による政権獲得へと向かいます。

2　選挙に勝利し政権を手にする（5分）

第一次世界大戦敗戦後のベルサイユ体制下で，ドイツ国民は敗戦で賠償金の負担に苦しみ，その後，世界恐慌にさらされます。こうした背景のもと，ヒトラーは人種間の差別を持ち出し，共通の敵を攻撃することで共感を得て党勢を拡大します。その演説を聞かせるために当時普及し始めたラジオ放送を用いて大衆に訴えました。ついには自ら指導する国家（国民）社会主義ドイツ労働者党が選挙で第一党となります。そして，大統領選挙に出馬すると2位の得票で，首相となり大統領が亡くなると総統になります。

3　独裁者ヒトラーはなぜ生まれたのか!?（10分）

もちろん，人種間差別の科学的根拠は存在しません。これまでに学んだように，民主政治では，選挙による多数派が政権を得ることになっています。さらに法を制定する国会も多数決で議決します。ですから，選挙で多数派を得て政権をとり，首相となったヒトラーは民主的手続きで政権を得たように思われます。しかし，第一党とはいえ，過半数の支持を得たのではなく，得票率は30％台の比較第一党でした。ナチスは，敵対する人々を逮捕させたり，反対派を襲撃するなどしています。国会では多くの議席を持つ敵対政党の議員が予防拘禁や亡命するなど欠席しますが，この欠席者を出席棄権扱いとして採決の分母を減らして過半数のないナチ党が全権委任法を成立させます。民主政治には多数決が用いられますが，その多数決の成立が公正な投票であったのか，自分の意思を正直に表すことができるのかなどの条件があります。

公民的分野　国会

06
"多数決"全体の6分の1でも決まってしまう⁉

■ 小ネタの要点

内　　容　民主政治では，国民が選挙で選んだ国会議員が国民に代わって政治権力を行使することになります。衆議院の優越がある日本の国会では，衆議院の多数派の政党が内閣を組織してきました。内閣を組織する与党は，多数の国民の支持を得ていることになりますが，現実の選挙の投票率が低い場合には必ずしも国民の多数派とはいえません。投票率が7割程度で，過半数を得ても，全体では4割ほどになります。国民の過半数が「支持しない」政党が与党となります。1位しか当選しないので，2位以下の合計得票が多いときの小選挙区制の問題点でもあります。さらに，与党が比較第一党の連立政権である場合は，国民の意見が分かれている状態にあることになります。第5項のヒトラー政権の始まりのように，実際には反対意見や不支持の意見が多いのに政権を得ることになります。国会本会議成立の定足数が総議員の1／3です。ここで多数決を行うと，最小限1／6を超えると過半数を得られます。与党が内閣を組織し，法案を審議するなどの際に多数決を採用しますから，欠席議員が多いと多数決は表面的なものになってしまいます。

ポイント　多数決の原理を学ぶときに併せて少数意見の尊重も学んでいます。しかし，少数意見を具体的に「尊重する」ことの意味が理解し難いようです。そこで，この国会運営を通して学んでいけるようにしましょう。

■ 授業での使い方

　国会では本会議をはじめ，採決は多数決で行われますが，法案などでどのように少数意見が取り入れられていくのか，議会制民主主義についての理解が深まるよう20分で伝えます。

第3章　公民授業の小ネタ17

1　与党は国会の多数派でも国民の多数派ではない!?（5分）

「与党は国民の過半数が支持しているでしょうか」「過半数じゃないの？」「第一党が比較多数だってナチスのことで学んだ」……選挙で多数の議員を当選させた政党が与党ですが、比較多数であれば手を組む政党を得て連立与党となります。それに投票率が100％でなければ、単純過半数が国民の過半数に支持されていることになりません。

2　多数決には定足数と少数意見が重要!?（10分）

本会議が成立するための定足数は総議員の1／3以上、各委員会は半数以上です。理論上は、法案などを提出するための委員会で全委員の1／4、成立のための本会議だと各議院の総議員1／6を超えると可決できることになります。実際にはそのような欠席の多い会議はありませんが、単純に過半数ではないことになります。また、すべて過半数だけで決めるのであれば、与党案がすべて可決になるので話し合いの意味がありません。ですが、委員会で十分に議論を尽くすのは、多数派にはない意見でもよいものがあればその中取り入れることができるからです。少数派の野党の提案でもよいものは協力して成立させることもできます。

3　単純過半数と安定多数（5分）

国会では、衆議院本会議で過半数を得ることができれば首相指名選挙で勝つことができます。「衆議院465人中、233人の政党が予算や法案など思い通りに国会を動かせますか」「本会議で勝てるから大丈夫でしょ」……議長・副議長を出すと採決時にはその2人を除くことになります。また、各常任委員会でも委員長を出すと半数には1人欠けることになります。衆議院での議長と各常任委員会委員長をすべて出しながらも半数を維持できる数は安定多数といい、衆議院では244です。すべての委員会で過半数を得るには絶対安定多数261です。さらに、法案の再可決や憲法改正に必要な2／3は310議席です。しかし、選挙の際に多数の議席を得たとしても、投票率を考えると、何をしてもよいわけではなく、少数意見を考えることが重要になります。

公民的分野　公正な裁判

07
強者が弱者を訴えるスラップ訴訟!?

■ 小ネタの要点

内　容　人権を守るために，裁判は公正になるよう考えられています。裁判が原則公開であることや，三審制，司法権の独立，刑事裁判での弁護人を依頼する権利によって，社会的に弱い立場に置かれていても公正な裁判を受ける権利が保障されることになります。しかし，近年，沖縄の基地建設をめぐって，国が，より弱い立場と考えられる地方公共団体である沖縄県を訴えることもありました。最近では，社会的に強いと思われる立場の者が，社会的に弱いと思われる立場の者を訴えるスラップ訴訟が問題になっています。例えば，巨大企業が一個人を訴えることがそれに当たります。企業に対して抗議することがある個人が，企業に訴えられることになると，企業は顧問弁護士を雇っていますから，訴訟手続きなどを行って裁判で個人を訴えることが容易にできます。一方，個人は訴えられた場合，放置すると相手の思うままに裁判が進む恐れがあります。しかし，この訴えに応じるには，裁判手続きや弁護士を雇うなどの費用と労力や時間を必要とします。訴える側の企業では，専門家である弁護士に任せていますから，特に負担もなく裁判で敗れても構いません。個人は，裁判に勝つとしても多大な時間と費用を使うことになります。つまり，訴えること自体が相手を屈服させることになり，裁判がその手段になっているのです。

ポイント　裁判には厳格で公正なイメージがあり，企業や個人の間の裁判などはイメージにないでしょう。可能な限り具体的説明がよいでしょう。

■ 授業での使い方

司法権学習の最終時間に，人権を守るための裁判が現実に抱える問題を生

徒とともに考えることで，まとめとして25分を使います。

1　企業が個人を訴える!?（5分）

「高層ビルを建設する建設会社が，高層ビルの建設に反対する人を訴えることがあり得ますか」「訴えなくてもお金で解決するから，あり得ない」「何を訴えるの」……反対している人がいて工事が思うように進まないとき，建設している土地に入るなどささいなことを法律違反として訴えを起こすとどうなるでしょう。建設会社側にとって，工事の遅れや工事ができない損害より，裁判費用が安く済みます。訴えられた人は，それを放っておくと裁判で不利になりますから，弁護士を依頼するなど費用と時間がかかります。反対運動どころではないでしょう。強い者が弱い者を訴えるのはスラップ訴訟といい，別名を恫喝訴訟や言論弾圧訴訟ともいいます。アメリカで大企業が乱用したことから，さまざまな防止策が実施されるようになりました。

2　裁判は勝敗より訴えることに意味がある!?（15分）

そもそもスラップ訴訟は，裁判に勝つことを目的としていません。裁判することそのものが目的です。訴えられた側に，裁判費用と時間を負担させることでその主張などを退けることが目的なのです。ジャーナリストが企業の不正を告発しようとしたとき，告発される側の企業が，ジャーナリストを名誉棄損などで訴えると，名誉棄損の事実があるかどうかは別に，裁判手続きが正当であれば裁判は成立します。そうなるとジャーナリストは，告発より裁判に追われる日々になってしまいます。

3　スラップ訴訟の防止へ（5分）

日本でも，企業が個人を訴えるスラップ訴訟とみられる裁判が提起されましたが，逆に訴えられた側が企業相手に裁判を起こして勝訴した例があります。スラップ訴訟に対して，不当提訴として反訴して認められたケースです。今後もそうした課題解決の方法を見出していくことになります。

公民的分野　地方公共団体の政治

08

ふるさと納税で失われた40億円⁉

■ 小ネタの要点

　内　　容　地方で生まれ育って、都市部で進学・就職し、そのまま生活している人々が多く存在します。地方税の税収では、人口の多い都市部が多く、都市部に送り出した地方は少なくなります。そこで、自分が育った故郷に自分の意思で納めるものが「ふるさと納税」です。「納税」とはいっても実際には寄附にあたり、地方税納税の際に控除の対象とされます（納税の軽減）。過疎の進行で住民が減少している上に、高齢者が多くなり、納税者が少なく、納税額も減少し、地方財政が苦しくなっています。育てる部分を負担するだけで、育ってしまうと都市部で納税することから、東京・大阪など大都市と、過疎を抱える地方では格差が広がっていました。そこで、税収の少ない地方公共団体では、「ふるさと納税」の制度を活用し、多くの「納税」を獲得するために、「納税者」に豪華な「景品」を返礼品として贈るようになりました。従来は、「ふるさと」の品（地元の農水産物など地場産品）が返礼の基本です。地元以外の工業製品やインターネット販売の商品券を贈る地方公共団体もありました。大都市では「ふるさと納税」のため、地方税控除の対象となって実際に住んでいる地方公共団体の税収が減少しました。そこで、返礼品が地場産品ではないことや、納めた金額の半分を超えるなど行き過ぎとの指摘もあり、2019年に法改正が行われて総務省が指定に制限を行いました。本来は地方公共団体間の税収の格差を埋めるための手段の一つでもあったので、限られた税をどこにどのように配分していくかは難しい問題です〈参照：総務省HP〉。

　ポイント　生徒にとって、納税の仕組みはわかりにくいので、消費税のように身近なものを例にしてみます。消費税が国税で、どこで払っても国の税

収で，事業所税や住民税などが地方税なので，事業所（企業）や住民が多いほど税収が増えることになることを伝えていきましょう。

■ 授業での使い方

　地方自治の3時間目，地方財政のまとめに，過疎・高齢化など地方公共団体が直面している課題が地方財政にも影響することを理解できるように25分ほどで展開していきます。

1　「ふるさと納税」は故郷への恩返し!?（10分）

　地方の学校では「皆さんのうち住んでいる町に最後まで暮らす予定の人は？」，大都市の学校では「皆さんの保護者の中で生まれ育ったのが地方の人は？」……生まれ育った町で生涯を過ごす人は少なくなりました。やがて大学進学や就職で大都市に住むようになり，納税者となるときには生まれた地方公共団体にはお正月やお盆に帰省するだけになることが多いようです。「ふるさと納税」という名の寄附は，お世話になった地方公共団体への恩返しのような役割を果たすことになります。

2　地方公共団体の税収格差を埋めるはず!?（10分）

　地方から大都市に移り住む人が増えることで発生する地方の過疎と大都市の過密は，1960年以降，高度経済成長期からの問題です。家庭に置き換えると，家族が少なく全体の収入が減る中，高齢になった祖父母などの医療費や介護費用の負担が増えてしまうことになります。財源に苦しむ地方公共団体が，寄附を集めるために豪華な返礼品を競うように出してきました。その結果，寄附額に対し返礼品金額の割合が38％を超えたり，東京都の地方公共団体の中に，40億円分の税収が寄附で失われることもありました。

3　地方は税収が減り負担が増えるだけ!?（5分）

　これからも，税収増加の見通しがない過疎問題を抱える地方公共団体には，「ふるさと納税」での寄附が大きな収入源として期待されます。地場産品が豊富で企業がたくさんあれば，税収も増えるのですが……。企業の誘致や観光など，税収アップの工夫や対策が必要です。

公民的分野　住民の権利と地方政治

09
住む場所によって買い物難民に限界集落!?

■ 小ネタの要点

　内　　容　人々が学ぶ機会や職を得る機会が多い大都市には多くの人が集まり生活します。そのため，過疎と過密，東京一極集中など，都市部への人口の集中と農山漁村の人口減少が起こります。農山漁村では，過疎の進行が著しい近年，人口の50％以上を65歳以上の高齢者が占める集落を限界集落と呼んでいます。共同で行ってきた農作業などが行えず，共同体の機能を維持できない状態になっています。一方，大都市では，高度経済成長期に人口の集中が激しい大都市の郊外に，その受け皿として1963年新住宅市街地開発法によるニュータウンが建設されました。これにより地方公共団体が建設したものだけで46か所あります。ところが，こうして人工的につくられた街は，住民が一斉に住み始めるため，同時期に高齢化も進みます。特に郊外の交通の便のよくないところでは，後継者が進学や就職で転居して戻らず，一気に高齢者ばかりの街になってしまいます。そうなると，街に活気がなくなり，人口も減少するため，商店やスーパーマーケットがなくなり，バスなど交通手段も失うようになります。過疎の限界集落とともに，ニュータウンに住む高齢者の人々は，買い物する場所が遠くなり，しかも，バス・鉄道の公共交通手段も不便となる買い物難民が生まれます。過疎地域では，地方公共団体がコミュニティバスを運行するなどして交通手段を確保しています。

　ポイント　限界集落は，実例が身近な場合と，大都市で身近に感じられない場合が極端に分かれます。高齢者の移動手段のことから入ると伝えやすくなると思います。自動車の運転が危険になると，公共交通機関に頼りたいのですが，公共交通機関も過疎地域などでは限られることなど，バス便などを具体的に示していくとよいでしょう。

■ 授業での使い方

　地方自治の最後，地方自治のまとめとして，現在の地方自治の問題点とその解決法などを学習するために20分ほど使います。

1　買い物にいくのも大仕事!?（5分）

　「生活ができなくなる限界ってどんなこと？」「食べ物が手に入らない」「自分以外に人がいない」……買い物ができないと食料が手に入りません。店がないと買い物ができません。買い物には，自動車やバス，鉄道がないと行けません。歩けないと買い物できません。ネットスーパーはネット環境やインターネットの知識がないと使えません。65歳以上の高齢者，中には80歳を超えて一人暮らしの場合だってあります。自動車の運転どころか，歩くことさえままならないのです。

2　もう限界，生活が成り立たない!?（10分）

　65歳以上の住民が50％以上だと限界集落と呼ぶといわれて30年近く経ちます。今や50％どころか全員が高齢者でも驚かない状況となり，すでに消滅の集落や消滅危機の集落も出ています。高齢者ばかりの集落では，日々の生活もままならないのです。さらに進んで，地方公共団体そのものが「限界」となってきています。高知県大川村は，人口400人余り〈大川村HP〉で，2017年村議会議員の高齢化に加え，立候補者がいないという危機に，議会に代わる町民総会の設置まで考える事態となりました。このことが全国的話題になった後，移住する人も増え，何とか議会が成立するようになりました。

3　過疎と過密を解決しよう（5分）

　大都市の横浜市内にも限界集落はあります。1970年代に宅地開発が行われた1600世帯の街も，今は一気に高齢化が進んで，自治会の役員の選出も思うようにできない状況になっています〈朝日新聞DIGITAL〉。地方の農山漁村では，日常生活に必要な雑貨や食料品の移動販売車が運行されていたりしますが，駅の近くに大型スーパーのある大都市では逆に移動販売車もないことが多いのです。地方と都市，都市内での格差も考えなくてはなりません。

公民的分野　経済活動の意義

10
「アリとキリギリス」，キリギリスの「遊び」も仕事のひとつ!?

■ 小ネタの要点

　内　　容　消費が活発になれば生産も盛んになり，好景気となります。消費者が消費を控えると生産が削減され，不況と呼ばれる状態が生じる原因となります。みんなが勤勉で将来に備えて貯蓄する社会は好景気の社会とはなりません。「アリとキリギリス」の童話は，一度は聞いたことのあるお話でしょう。結末で，食べ物を求めるキリギリスをアリが拒絶するものが本来のお話ですが，最後はアリが助けてハッピーエンドにすることが多いようです。ハッピーエンドバージョンでは，夏のうちせっせと働き，食料を貯めていた（若いときに老後に備えて貯金していた）アリさんが正しいのに対し，夏に食料を集めもせず音楽を奏でていた（若いときに自分の好きなことに熱中していた）キリギリスさんは間違っていたことになります。消費を控えたアリさんと，消費を続けて備えを怠ったキリギリスさんともいえます。キリギリスは消費をすること（美しい音色）で世の中をにぎやかで活気あるものとしていました。そもそも，アリが助けたのは，道義的に困った人（キリギリス）を見捨てないということでしょう。キリギリスは，わが身を犠牲にして働くアリを音楽で鼓舞したのに，アリは自分のことしか考えない利己主義者なのかもしれません。経済的に効率と公正を求める社会は，同時にさまざまな人々が支えあって生きられる社会でなければなりません。アリもキリギリスも社会の一員として，ともに生きることができるように富の再配分がなされなければならないのです。

　ポイント　働き続けるアリが正しく，遊んでいるキリギリスが間違っているというステレオタイプの考えに陥りがちです。「遊び」も仕事かもしれないことを，音楽やスポーツでとらえて，消費と貯蓄の関係も，貯蓄ばかりで

は経済発展がないことを伝えていきます。

■ 授業での使い方

　経済活動の学習の中で，資源の効率的配分を学ぶ際に問題提起として20分ほど使います。教科書によってはアリとキリギリスが例話になっています。

1　イソップ物語「アリとキリギリス」アリは正しいのか!?（5分）

　「イソップ物語の『アリとキリギリス』のアリの行動は経済的に正しいのか」「冬の前に働いて用意していたんだから正しい」「怠け者のキリギリスは間違ってる」……働いてばかりのアリには何が楽しみなのでしょう。過労死が問題になる世の中で，働くことの目的や意義が重要です。アリの行動が正しくなるのは，貯めた食料で他者を助けることができるからです。自分を養う以上に蓄えても使い道がないのですから。

2　キリギリスは間違っているのか!?（10分）

　キリギリスは，音楽を奏でてばかりだといいますが，見方を変えればミュージシャンです。美しい音楽を提供して働いているのに，食料を集められなかったから（社会的に成功しなかったから）飢えてもよいということになるでしょうか。自分の技能を活かして生活していたキリギリスを責めることはできません。アリのように皆が働くばかりで，芸術やスポーツのない社会はどうでしょうか。将来に備えて蓄えておくべきだといっても，蓄えるだけでは経済は衰えてしまいます。

3　アリはキリギリスを助けてこそ働いた意味がある!?（5分）

　音楽を楽しませてくれたキリギリスに，アリは謝礼として蓄えたものを適正に支払ってこそ経済活動が盛んになります。労働によって富を蓄えて，蓄えた富を，不幸にも蓄えることに失敗した人に差し出すことが経済活動を活発にすることにつながります。誰もが富を蓄えることに成功するわけではありません。現在を楽しむために将来を犠牲にするのか，将来のために現在を犠牲にするのか。いずれも犠牲を少なくして，経済的利益が得られるようにしていくことこそ経済活動や財政の重要な役割ではないでしょうか。

公民的分野　消費者の保護

11
楽して儲かる話の裏には多額の損失⁉

■ 小ネタの要点

　内　　容　消費者が販売者に変わっていくことを続けていくマルチ商法は，ねずみ講とともに古くからあります。ねずみ講（無限連鎖講）は，現金を用いて，会員が会員を増やすことで現金が手に入る仕組みです。会員を多数獲得し，その獲得した会員がさらに会員を得ると収入が増える仕組みです。親会員と呼ばれる上位の会員は利益を得ますが，子会員・孫会員が無限に増えていくことで会員に利益がもたらされる仕組みです。当然，会員数には限りがありますから，やがて行き詰まり，支払うだけで収入のない人が多数現れることになります。これは法律で禁じられています。これとは別に，マルチ商法があります。化粧品や学習教材を購入して，さらにそれを人に紹介，販売すると報酬が得られるというもの。商品を購入した者が，次の購入者を獲得して利益を得るのですが，思うように買い手がない場合は損失が発生します。正しい説明がない，言われた利益と違うなど，年間1万件を超える被害相談があります〈国民生活センターHP〉。マルチ商法そのものは法律違反ではありませんが，勧誘の方法などで不正が多いようです。これら不当な商法による被害を防ぐには，説明をよく聞き，法的に問題がないか，国民生活センターに確かめるなどしなければなりません。しかし，勧誘を受けている場で，確認することは難しいでしょう。基本は，楽して儲かる話には気を付けることです。高額な報酬には高度な技術や危険が伴うか，または多額の損失の可能性との引き換えだと思いましょう。

　ポイント　ねずみ講もマルチ商法も，一見すると儲かりそうに思えます。特に社会経験のない生徒たちには，購入する消費者（子会員）には限界があり，始めたばかりの上位者（親会員）ばかり巨額の利益が得られる現実がわ

かりにくいものです。具体的に話すようにしましょう。

■ 授業での使い方

　消費者保護について，契約や法的な全体の説明が終わった後で，ねずみ講やマルチ商法の図や相談事例を用いて25分で取り上げていきます。

1　楽に儲かる方法あります！？（10分）

　「役立つ学習教材を友だちに紹介するだけで儲かるけど，やってみる？」「儲かるならやる」「学習教材がいいものならやる」「じゃあ，どうせ後で紹介した友だちからお金をもらえるんだから，先に売る分の教材のお金5人分払ってね。1人分は君のものだよ」「5人分は高くない？」「でも5人くらいなら友だちに売れるよ」……友だちもすでに購入済かもしれません。そうなると，売る相手を探すのはたいへんです。「ただ，友だちに紹介するだけ」は，実は「友だちに売りつけるだけ」なのです。

2　儲かるのは初期メンバーだけ（10分）

　商品がまだあまり知られていない段階では（製造者＝マルチのスタート者たちのみ），売る相手が多数存在します。しかし，一般の人が知った段階は，その他大勢が知り始めており，知られていない場合は商品に魅力がないために広まらないのです。儲かるのは始めた人たちだけなのです。こうした消費者を犠牲にする商法はほかにもあります。買わないと不幸になる霊感商法，閉鎖空間で買わないといけない催眠商法，当たった景品を渡すといって売るアポイントセールス，集まった人に売りつけるホームパーティ商法，勝手に商品を送りつけるネガティブ商法。さまざまな悪質商法があります。

3　だまされないと思う人がだまされる（5分）

　悪質商法や詐欺は，だます側はだますことを24時間研究できます。しかし，だまされる側はそこまで時間を使って研究するわけではありません。だまされることが普通なのです。うまい話は最初に拒絶することが大切です。まず話を聞く，一度会ってみる，などはまったく必要ありません。

公民的分野　企業の経済活動

12
年功序列型か成果主義か!?

■ 小ネタの要点

　内　　容　かつて年功序列型賃金は，日本型経営の象徴となっていました。バブル崩壊後には，国際競争力をつけるために欧米型の成果主義が必要だといわれてきました。年功序列型というのは，学校を卒業した後，就職した会社に定年まで勤め，年齢が上がると地位と賃金（給与）が上昇し，最後は定年で在職年数に応じた多額の退職金を得る仕組みです。成果主義は，年齢に関係なく，仕事の成功の度合いに応じて地位と賃金を得る仕組みです。若くて仕事の能力の高い人には，成果主義だと多額の報酬を得る機会があり，より多額の報酬を得る職を求めて転職が行えます。年功序列型では，仕事の能力とは関係なく，地位・報酬が年齢とともに上がる一方，仕事の能力が高くても若いだけで，その仕事に見合った報酬が得られません。成果主義では，若くして巨額の報酬を得られる機会を持つのに対して，失敗や病気など仕事ができなければ，ほとんど何の報酬も得られません。いずれも一長一短があります。近年，日本的な年功序列型は，実は合理的だといわれてもいます。若いときは，消費支出が少なくて済み，年齢が上がり，自分の結婚，子どもの誕生，入学，子どもの結婚，というように必要な生活費が上がるにつれて賃金が上がり，老後の費用が必要な退職時に多額の退職金を手にするようになっています。成果主義は，仕事に自信のある人には，早く成功を収める機会が得られることになりますが，常に失敗の危険と隣り合わせでもあります。人生の長い期間を同じ企業で働く安定と，不安定でも常に自分の可能性を信じて挑戦し続けるのか，という違いもあります。

　ポイント　自分に自信のある生徒は成果主義，自信のない生徒は年功序列型を選びがちです。自分のこととして考えるからです。一般論として，長

所・短所を整理させた上で判断できるようにしていきましょう。

■ 授業での使い方

　企業の経済活動のうち，労働環境が変化している現代について問題提起する形式に25分で行ってみましょう。可能であれば，生徒を2分割してディベートを取り入れると理解が深まります。

1　どっちが得か，考えてみよう（5分）

　「給料が，毎月安定してもらえるけど安いA，毎月もらえるかどうかわからないけど高いB，どっちを選ぶ？」「高いって，どのくらい」「安いほうはサラリーマンの普通の月給（初任給20～22万円）くらい，高いほうは100～1000万くらい」……ハイリスクハイリターン，ローリスクローリターン，安定と挑戦との選択であることを説明します。

2　ディベートで理解を深めよう（15分）

　生徒を半分に分けましょう。出席番号前半・後半，奇数・偶数など。自分の意見とは関係なく，年功序列型と成果主義に分け，自分の割り当ての側が魅力的だと主張させます。教員はファシリテーターとして，時には具体的な資料（給与例や成功報酬例など）を提供して議論を進行させます。中立で収めようとせず，いずれの意見が有力になるかを見極めていきましょう。

3　将来への自信と不安（5分）

　最大限の成果主義ともいえる起業についても，本田宗一郎（地理の項 p.42参照）など日本企業の創業者だけでなく，海外のマイクロソフトやアップル，フェイスブックなど成功例を活用します。最近では，CoCo壱番屋の創業者は，孤児院出身で，アルバイトをしながら高校卒業，その後不動産業などを経て創業，一時150億円以上の借金を抱えながら，世界一のカレーチェーンとなり，800億円を超える売り上げの大企業とし，さらに株式を売り払う決断をしています。経営危機のリスクと成功の巨万の富，失敗による巨額の損失。自分の将来を信じて努力する成果主義と，将来何が起こるかわからない不安から地道に年功序列型の道を選ぶのか，自分が決めるしかありません。

公民的分野　個人の経済活動

13
アルバイトに忍び寄る影!?

■ 小ネタの要点

　内　　容　家庭の経済的事情や，自分自身の目的のために学校で許可されたアルバイトをする高校生がいます。また，思うように就職できないままアルバイトする人もいます。さらに，家計の収入のためにパートタイム労働をする女性たちがいます。それら非正規雇用の労働者も労働基準法や労働組合法などが適用されます。高校生であっても，最低賃金法による最低賃金に満たない賃金は許されません。2018年度時給では，最低は鹿児島県761円～最高東京都985円となっています〈厚生労働省HP〉。また，1日8時間を超えた時間の労働には残業代が，労働基準法により割り増し金額で支払われます。過去に問題となった事例では，コンビニでのアルバイトを風邪をひいて休んだ高校生に代役を探させ，なおかつ，代役も見つからなかったことで欠勤分とは別に罰金を科した例があります。たとえ労働者が失敗したからといって勝手に会社が罰金を科すことはできませんし，あらかじめ罰金を規則化すること自体が違法です。労働者に過ちがあって会社が損失を出した場合には，損害賠償を求めることになります。もちろん欠勤した労働者の代わりを見つけるのは会社側の仕事になります。欠勤分の給料が減らされるのは「ノーワークノーペイ」なので当然です。大きな損害を負わせるなどで給料を減らす場合は，懲戒処分として賃金1日分の半額または支払い総額の1／10超えないのが労働基準法の定めです。近年，コンビニではアルバイト店員が確保できず，24時間営業ができないことも話題になっています。アルバイトといっても労働者ですから，最低限の法律上の知識を備えて，違法な労働とならないようにしたいものです。

　ポイント　中学生はできませんが，高校生になれば可能になる場合もあり，

中学生にとっても，自分自身でお金を稼ぐアルバイトは気になるものでしょう。身近な話題である，アルバイト募集の貼り紙や広告から最低賃金など労働条件につないで興味を持たせましょう。

■ 授業での使い方

　労働者の権利を学習した後，実際に権利や法令がどのようになっているのか，具体的な事例を活用したまとめ学習に20分で行います。

1　アルバイトを休むと罰金，お皿を割ると罰金!?（5分）

　「高校生になって飲食店でアルバイトするとき，会社の人に休むと罰金，お皿を割ったら罰金と言われ，お皿を割ったら罰金払いますか」「払う，だって前もって罰金の規則を伝えられているから」「払わない。そんなことしたら，皿持たせた人が悪くないですか」……「罰金」は法律用語ですから，私的な会社や個人が払わせることはできません。失敗や損失に対して会社が行えるのは損害賠償請求です。そもそも事前に「罰金」（懲戒金）を規則化することは労働基準法違反です。

2　高校生は未熟だから大人の半額で時給500円（10分）

　労働者として未熟，初めてだから大人の半額の賃金でといっても，最低賃金法により都道府県ごとの最低賃金が定められています。それを下回った賃金で働かせることは違法です。高校生であっても労働者となれば，労働基準法などの法律が適用されますから，労働基準法の知識を大切にするよう伝えましょう。風邪で欠勤の高校生の例や，8時間以上働いているのに残業代が支払われないなどの具体例を示していきます。

3　ブラック企業の存在（5分）

　正規雇用（正社員）にするから，1か月がんばれなどといって，1日8時間を超える重労働を休憩も休日も与えず働かせ，正社員になりたい一心でがんばるともう1か月と重ねて，働く側が辞めるまで利用するなど，弱い立場の労働者に違法行為をするブラック企業が存在することを注意しましょう。

公民的分野　租税の意義

14
わたしたちには借金がある!?

■ 小ネタの要点

　内　　容　日本の財政は，税収を歳出が上回る赤字財政となっています。2018年度一般会計予算では歳出総額約97兆8000億円に対し国債費23兆3000億円で歳出の約23.8％です〈財務省HP 我が国の財政について〉。同じく歳入では，税収が60.5％，公債金が34.5％となっていますから，税収不足分を公債金で賄っていることになります。1960〜70年代初めには債務額はそれほど多くありませんでした。1973年石油危機以降次第に増加し，バブル期に一時減少しますが，バブル崩壊後に増加していきます。国家財政の負債残高は2017年末に1279兆円でGDPの2.3倍以上になっています。少子高齢化は，税収の減少に対して社会保障費の増加をもたらします。一人当たり1000万円を超える巨額の債務は，将来の税収増加で返済しなければなりません。これまでの債務と，毎年の不足分を埋めるための税収増加にはかなりの増税が必要になります。直接税の所得税や法人税に頼ると税収が不安定になるため，間接税である消費税が3％で1989年から導入されました。その後，5％，8％と増税してきましたが，債務を減らすことができず，さらに税率を上げる必要があります。しかし，税率を上げたときは，国民の反発が強く国政選挙で与党が議席を減らすことになり，思い切った増税はできないことが多くなります。一方で，増えていく債務は返済しなければなりませんから，増税を将来に先送りすると，これまでのツケを未来に払わせることになります。

　ポイント　生徒にとっては，「国の借金」の意味が分かりません。歳出に対して税収不足のとき，国にお金を貸す人が5年とか10年など期限を決めて貸し（国債を購入），利息を付けて返してもらうことを説明しなければなりません。そして，返済には利息が付きますから，税収が増えないと返済でき

ません。ネット上の国債の画像などを参考にできるとわかりやすくなります。

■ 授業での使い方

　納税者としての学習で，日本の財政や社会保障などを学んだ後，現在の財政の課題を具体的に学ぶ20分にします。刻々と増え続ける国家の借金についてはインターネット上のリアルタイム財政赤字カウンターで見ることができます。

1　あなたの知らないうちに借金1000万円（5分）

　「あなたには1000万円，家族4人で4000万円の借金がありますから，返してくださいね」「冗談でしょ」「借りてもいないのにあり得ない」……あなたは借りていないけれど，日本国政府が過去の借金を返す分も含めてこれから使うお金（歳出）が足りなくて国債などで借金をしています。この借金は国民の借金なので，日本国民が返済します。もちろん一人ひとりが返済するわけではなく，政府が返済しますが，その元手は国民からの税金です。

2　莫大な債務は返せるの　～日本が"倒産"する!?（10分）

　日本政府の債務は1000兆円を超えており，GDPの2倍を超える巨額です。大幅な増税をしなければ返済ができないと考えられています。しかし，増税は，必要だとしても，国民には受け入れにくいものです。消費税を8％から10％にすることでさえ延期をしてきました。しかし，いつかは必ず返済しなければ，日本の財政が国際的な信用を失い，為替レートや，そもそも国債の格付けなどで不利益が生じ，やがて経済的に破綻してしまいかねません。

3　消費税増税が国民を苦しめる!?（5分）

　消費税増税が債務返済には必要ですが，増税は買い控えなどで不景気へ向けて影響を与えがちです。不景気となれば，消費の落ち込みから消費税の税収が増えないばかりか，所得税・法人税も増えません。社会保障の質を低下させることもできません。年金の支給年齢の高齢化や，健康保険医療費の自己負担の増加など，結局，国民自身が苦しむことにもなります。

公民的分野　世界平和の実現

15
核発射装置は「核なき世界」を訴える米大統領のかたわらに⁉

■ 小ネタの要点

内　　容　最初に広島に原爆が投下されてから，米ロを中心に核兵器は開発競争と保有国の増加へと進んできました。最初の核開発に成功したアメリカのマンハッタン計画で中心的役割を果たした物理学者オッペンハイマーは，圧倒的破壊力ゆえに戦争が無意味になるように開発したのだといわれています。オッペンハイマー自身は，戦後の広島の惨状を知り，より強力な水爆開発へと向かったことで，水爆反対運動に参加しています。現在，5大国のアメリカ・ロシア・イギリス・フランス・中国，ほかにインド，パキスタン，北朝鮮の8か国とイスラエルが核兵器を保有しているといわれています。2016年当時のオバマ大統領が，アメリカの現職大統領として初めて広島を訪れ，原爆死没者慰霊碑に献花し，平和記念公園で演説し，「核なき世界」を訴えました。しかし，アメリカは，広島・長崎への原爆投下は，戦争犠牲者を増やさず，戦争の早期終結をめざした正当な行為としてきています。2017年，国連で，核兵器開発と使用を全面的に禁止する核兵器禁止条約が129か国の賛成で採択されました。アメリカは国際的安全保障を無視しているとして参加していません。唯一の被爆国で，参加を期待されていた日本は実効性がないことを理由に参加していません。実効性を持てるように努力することが求められる立場の日本の不参加は，核廃絶が難しいことを示してもいます。

ポイント　核兵器は今や大学生でも材料があれば製造可能だといわれています。恐怖感ではなく，核兵器が地球を破壊してしまう「核の冬」をもたらすことを具体的に伝え，それでも核兵器の開発・保有は，実際の使用を前提にせず抑止力として保有するとの議論があることも説明しましょう。

■ 授業での使い方

　平和学習のうち，軍縮，核廃絶への道のりを「核なき世界」をめざすアメリカのオバマ前大統領の演説などを用いて20分で学びます。Youtubeの映像を参考に，可能であれば利用します。

1　「核なき世界」を求める大統領（5分）

　「アメリカの核兵器は誰が発射するの？」「大統領！」「軍隊の偉い人，司令官とか」「核発射はいつになるかわからないけど，発射スイッチのあるところまでどうやって行くの？」「専用自動車とか，専用飛行機？」……いつ，どこで核発射となるかはわかりません。そのため，最終決定者である大統領のそばに常に発射装置があります。装置を大きな手提げかばんにしてあり，外出には，常にそのための軍人が大統領の近くに付き従っています。

2　広島での演説でも核発射装置は大統領にお供します（10分）

　感動的な広島平和記念公園でのオバマ大統領の演説や被爆者との語らいのすぐ近くには，核発射装置を持つ軍人がいました。国際社会に「核なき世界」を訴え，各国を訪問する大統領のかたわらに核発射装置とは皮肉な話です。しかし，こうした未来に向けた努力が核禁止条約などに結びついていくことが重要です。原子力発電の高い技術を持つ日本は，核兵器開発能力があります。しかし，1945年の原爆被爆や，2011年の東日本大震災での原発事故から，その被害の悲惨さを知りすぎるほど知っているのが日本です。生徒が核兵器の保有をどのように考えているのか，アメリカの立場，日本の立場，核を持たず被害経験もない国の立場の3方向から意見を求めてみましょう。

3　大事なのは敵の襲撃による戦争に備えることですか!?（5分）

　敵が攻めてくるかもしれないから戦争に勝てるように軍備を整えることの究極が，核兵器を持っていることで相手が攻めてこないようにする。これでは，いつまでも平和な世界はこないでしょう。敵をつくらないこと，友好な関係を築き，互いを信じ，話し合いで解決する道を探すように努力することが求められるのではないでしょうか。日本国憲法前文のように……。

公民的分野　世界平和の実現

16
冷戦で日本がオリンピックに参加できなかった!?

■ 小ネタの要点

内　　容　これまで，オリンピックが中止になったのは，夏は，1916年ベルリン，1940年東京，1944年ロンドン，冬は，1940年札幌，1944年コルチナ・ダンベッツオの夏冬合計5回です。それぞれ第一次世界大戦，日中戦争，第二次世界大戦が理由です。戦争はやむを得ないのですが，「参加することに意義がある」スポーツの祭典のはずが，政治的理由でオリンピックは開催されながら，不参加国が多数になったことがあります。1980年開催と決まったモスクワオリンピックは，社会主義国では初の開催となるオリンピックでした。日本も参加選手団を結成し準備を整えていました。ところが，前年1979年，ソ連がアフガニスタンに軍事侵攻を行ったことからアメリカをはじめとする西側諸国がボイコットを決め，日本も政府が不参加を決定しました。その結果，モスクワオリンピックは，81の参加国・地域となりました。さらに，モスクワの次の開催地がアメリカのロサンゼルスであったことから，ソ連など東側諸国がボイコットし，140の参加国・地域となりました。これ以前に，スポーツに政治が影響した最大の事件は，1972年ドイツのミュンヘンオリンピックです。パレスチナのテロ組織によりイスラエル選手団11人が犠牲になっています。それでも4年に一度，スポーツを通して友好を深める試みは続いてきているのです。

ポイント　生徒は，スポーツ競技として，自国選手の勝敗や活躍を楽しみにしていると思います。しかし，選手派遣に要する多額の費用や準備など，本来の開催主体の地方公共団体だけは賄えず，国の支援を必要とし，結果的に国の国際的政治状況に左右されることも知っておくようにします。

■ 授業での使い方

　平和学習のまとめに，スポーツを通して友好な関係を築くオリンピックを題材に，政治や戦争に巻き込まれることの悲しみや不合理を，25分を使い学びます。

1　君もオリンピック選手になれるかも!?（5分）

　「今から鍛えてオリンピック選手になれる可能性があれば挑戦しますか」「無理でしょう」「でも中学生でメダルとった人もいるよ」……早くから才能を磨く体操や柔道，フィギュアスケート，テニス等やサッカー，バレー，バスケのような団体競技は途中参加が難しいでしょう。単独でトレーニングし，単独で参加でき，日本ではあまりメジャーではない競技だとどうでしょうか。たった一人でボートのシングルスカル日本代表をめざした津田真男氏が実在します〈山際淳司『ひとりぼっちのオリンピック』〉。

2　決心して挑んで道を切り開く（15分）

　津田氏は，大学受験に失敗して浪人を繰り返し，ようやく大学に入りますが，すでに未来への明るい展望を持つ中学高校時代の同級生に刺激され，それまで不真面目だった生活を一転，20歳を過ぎて「オリンピック選手」になろうと決意しました。単独で，チャレンジでき，選手層の薄かったボートのシングルスカルの日本代表を目指してアルバイト等で競技参加費用や競技用ボートを手に入れ，本当にモスクワオリンピックの日本代表選手となりました。しかし，そのモスクワオリンピックは，日本のボイコットで幻の日本代表オリンピック選手となりました。

3　政治や経済に左右されない日がくるでしょうか（5分）

　オリンピックが，北半球では場所によって夏の暑い時期の開催なのは，高額のテレビ放映権を手にするアメリカの放映時間や他のスポーツへの配慮といわれます。また，競技場建設など大きな金額の必要な事業への政治家のかかわりなども問題になりがちです。アマチュアスポーツからプロ参加の容認などオリンピックのあり方も変化を求められています。

公民的分野　環境問題

17
地球温暖化防止は地球にやさしい!?

■ 小ネタの要点

　内　　容　オゾン層の破壊や砂漠化，酸性雨など地球環境の問題は一国では対応できません。中でも地球温暖化防止は，世界共通のテーマとなっています。化石燃料の使用での二酸化炭素など，人類の工業化による多量の温室効果ガスの発生が，地球に気候変動をもたらして温暖化が進んできたといわれます。2100年には，最悪の場合，世界の平均気温は4度以上上昇するといいます（国連 IPCC 予測）。こうした温暖化の予測から，ツバルなど低地の島国は国土を失うとして，国際社会は支援を求められています。自動車は，ハイブリッド車から電気自動車，水素を使う燃料電池車へと開発が進んでいます。温暖化防止は私たち人類にとっては，重要な問題ですが，これを「地球の問題」とするのは人類の勝手な思い込みかもしれません。地球はこれまで46億年，もっと暑いことも寒いこともあったかもしれません。人類にのみ都合のよい環境が地球に必要なことかどうかは実は誰にもわからないのではないでしょうか。温暖化防止のみを考えれば，原子力発電は優良なエネルギー源といえることになります。ですから，温暖化防止の有力な手段として原子力発電の推進を訴える科学者も存在します。

　ポイント　生徒には，単純に温暖化防止が正論で「地球環境」のためという図式化した意見と，気分的なことも含めて原発は危険という意見があると予想されます。それぞれが別なことのように思われていますから，同じ環境問題として結びつけていきましょう。さらに，「地球環境」という言い方が，実は「人間環境」のことだということに気づかせることも大切にしましょう。

■ 授業での使い方

　環境問題を扱う最初に，さまざまな環境問題の事例を示しながら，その導入に20分で展開してみましょう。異なると思える事柄（温暖化と原発）が，実は関連し合う問題だということを学ぶ機会にします。

1　温暖化の責任は誰に!?（10分）

　「地球温暖化の原因は何でしょう」「二酸化炭素を出すこと」「なぜ二酸化炭素がこんなに問題になるのでしょう」「温室効果ガスだから」「便利な生活に電力が必要ですか」「電気なしの生活は不便」「無理」……現代の便利な生活に電力は欠かせません。通信・交通などあらゆる場面でエネルギー源となっています。近代工業の発展を支えているエネルギー源ともいえます。先進国がかつて電力を得るため大量の化石燃料を使い発電してきました。発展途上国は二酸化炭素排出量制限などを拒否してきました。先進国は，これまでさんざん二酸化炭素を排出して豊かな生活を得てきたのに，これから発展するために，自国は二酸化炭素を出さずエネルギー源を得るというのはコストが大きく不公平だとしています。

2　温暖化を防ぐのは原子力発電!?（5分）

　温室効果ガスを生み出さずにエネルギー源を手に入れるためには，原子力発電が最も有効だという科学者もいます。しかし，東日本大震災での福島原子力発電所の事故を考えると，危険が大きすぎます。太陽光発電や，風力発電，地熱発電などが実際に行われていますが，いまだ決定打がありません。便利な生活と環境の問題を両立させることが課題なのです。

3　人類によってもたらされる人類の危機!?（5分）

　温室効果ガス以外に，もっと身近な洗剤による水質汚濁やペットボトルなどの海洋投棄による魚類への深刻なダメージなど，人類がつくり出したもので地球が汚されています。しかし，地球そのものは，それも含めて地球の一部なのかもしれません。むしろこうした環境汚染は，原因をつくった人類にこそ深刻な危機をもたらしているといえます。

【著者紹介】
水谷　安昌（みずたに　やすまさ）
関東学院中学校高等学校教諭。明治大学大学院修士課程修了。東京都荒川区文化財調査員、四谷大塚専任講師などを経て現職。主な著作は、『市原市史（中巻）』共著、『特進クラスの社会』、『高校これでわかる日本史Ｂ』分担執筆、『中学受験ズバピタ社会　歴史』（文英堂）などズバピタシリーズ、『授業をぐ～んと面白くする中学社会ミニネタ＆コツ101』編著（学事出版）など多数。

〔本文イラスト〕木村美穂

中学校社会サポートBOOKS
授業でそのまま使える！中学校社会科の小ネタ60

2019年9月初版第1刷刊	©著　者	水　谷　安　昌
	発行者	藤　原　光　政
	発行所	明治図書出版株式会社
		http://www.meijitosho.co.jp
		（企画・校正）中野真実
		〒114-0023　東京都北区滝野川7-46-1
		振替00160-5-151318　電話03(5907)6702
		ご注文窓口　電話03(5907)6668
＊検印省略	組版所	長野印刷商工株式会社

本書の無断コピーは、著作権・出版権にふれます。ご注意ください。

Printed in Japan　　　　　　　　ISBN978-4-18-284411-9
もれなくクーポンがもらえる！読者アンケートはこちらから